AF560956

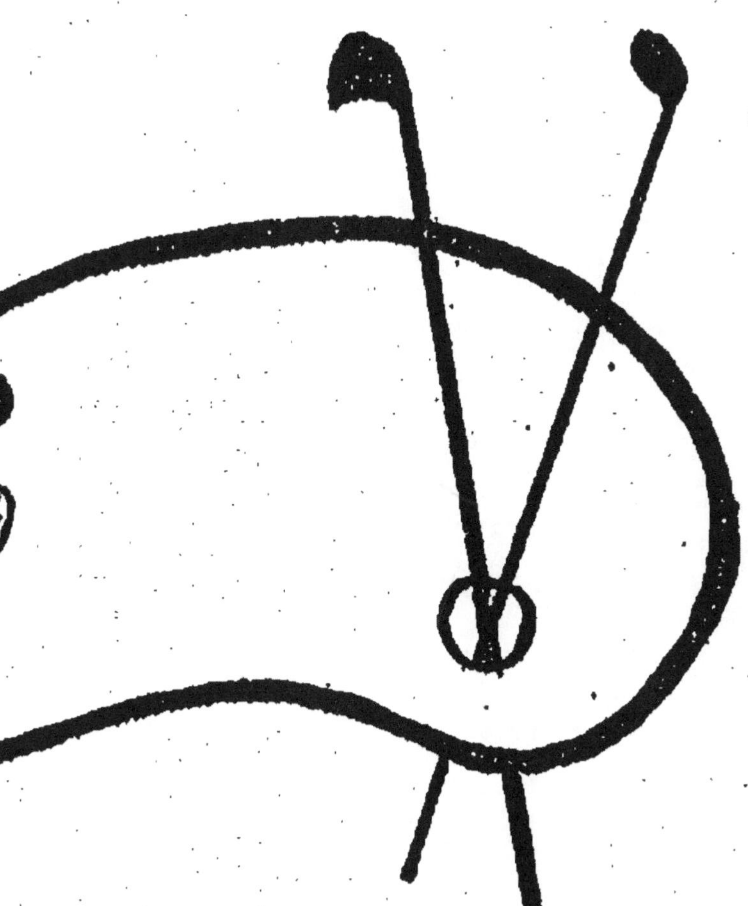

BIBLIOTHÈQUE SAINT-GERMAIN

LECTURES MORALES ET LITTÉRAIRES

OUVRAGES DU CARDINAL WISEMAN

La Lampe du sanctuaire, suivie de *Fleur-des-Neiges*. 7e édition.
La Perle cachée, *Histoire et légende de saint Alexis*. 5e édition.

VOYAGES EN ORIENT DU R. P. DE DAMAS

Voyage au Sinaï. . . 1 vol.
Voyage en Judée . . 1 vol.
Voyage à Jérusalem. 2 vol.
Voyage en Galilée. . 1 vol.

OUVRAGES DE MADAME BOURDON

Les trois sœurs, scènes de famille.
La Ferme aux Ifs. —
Denise —
Heures de solitude.
Pulchérie.
Souvenirs d'une famille du peuple.
Types féminins.
La famille Reydel.
Agathe ou *la Première communion*
Catherine Hervey.
Marie Tudor et Elisabeth.
Andrée d'Effauges.
Une Faute d'orthographe.
Les Servantes de Dieu.
Abnégation.
Marcia.
Nouvelles historiques.
Histoire de Marie Stuart.
L'adoption.
Orpheline.
Fabienne et son père.

ÉTUDES POPULAIRES DU MÊME AUTEUR

Antoinette Lemire ou *l'Ouvrière de Paris*.
Marthe Blondel ou *l'Ouvrière de fabrique*.
Le pain quotidien.
Euphrasie. *Histoire d'une pauvre femme*.
L'Héritage de Françoise.
Les veillées du patronage.

OUVRAGES DU COMTE DE LOCMARIA

Les Guérillas. 2 jolis vol.
Marie-Thérèse en Hongrie.
La Chapelle Bertrand. 1 v.
Histoire du règne de Louis XIV. 2 v.
Souvenirs des voyages du comte de Chambord. 1 fort vol.

ROMANS HISTORIQUES DE W. BERNARD MAC-CABE

TROIS ÉTUDES CONSTATANT L'INFLUENCE DE LA PAPAUTÉ SUR LE CORPS SOCIAL AU MOYEN AGE

Adélaïde, reine d'Italie, ou *la Couronne de fer*. 1 beau vol. in-12.
Florine, princesse de Bourgogne, ou *une Page des premières croisades*.
Berthe, ou *le Pape et l'Empereur*. Episode du XIIe siècle.

AUTEURS DIVERS

Iermola, par Etienne MARCEL.
Madeleine, par Julia KAVANAGH.
Stéphano, par l'abbé BOULANGÉ.
Un pair d'Angleterre.
Simples nouvelles, par Mme DE STOLZ.
La guerre noire, par D'AURIAC.
Edith Mortimer.
Catherine Geary, par MASON.
Le Prophète du monastère.
Veillées normandes.
Bretons et Vendéens, *Autrefois et Aujourd'hui*, par Gabrielle D'ETHAMPES.
La Fleur des Gaules ou *les Martyrs de Lyon*.
Le Foyer assiégé.
La Marguerite de San-Miniato.
Le Kalife de Bagdad.
Soirées du père Laurent.
La Branche de rumex.
Histoire d'un billet de banque.
Les Secrets de la mort.
Les Trois Eléonore.
Lizzie Maitland.
Mémoires d'une institutrice à Constantinople.
L'Orphelin d'Evenos.

1737. — Abbeville. — Typ. et stér. Gustave Retaux.

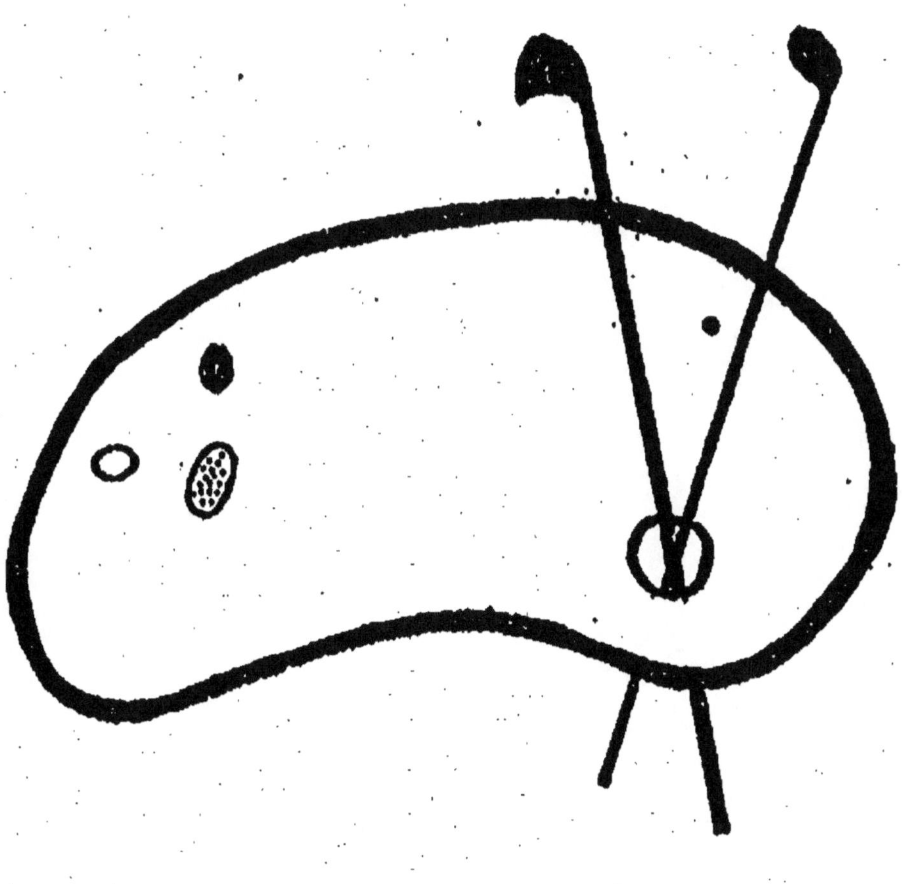

FIN D'UNE SERIE DE DOCUMENTS
EN COULEUR

LE PETIT LIVRE

DE

L'HOMME ET DU CITOYEN

OUVRAGES DU MÊME AUTEUR

---

tudes sur la philosophie au moyen-âge, 3 vol. in-8.

Études d'histoire religieuse aux XIIe et XIIIe siècles : Joachim de Flore, Jean de Parme et la doctrine de l'Évangile éternel, 1 vol. in-8.

Œuvres philosophiques de Vanini, traduites pour la première fois en français, 1 vol. in-18.

Traité de l'agriculture de Varron, traduction française (Bibliotèque Panckouke), 1 vol. in-8.

1702. — Abbeville. — Typ. et stér. Gustave Retaux.

LE PETIT LIVRE
DE L'HOMME
ET
DU CITOYEN

PAR

XAVIER ROUSSELOT
ANCIEN PROFESSEUR DE PHILOSOPHIE

DEUXIÈME ÉDITION

PARIS
LIBRAIRIE CH. DELAGRAVE
15, RUE SOUFFLOT 15,

1881

AVANT-PROPOS

Rappeler les principes qui sont les conditions indispensables de toute société, aider à les faire connaître et à les propager, tel est le but que s'est proposé l'auteur de cet opuscule. Il n'a pas la prétention d'avoir tout indiqué, même sommairement, dans cette sorte de programme, et encore moins de lui avoir donné les développements qu'il comporte. Le cadre qu'il s'était tracé s'y opposait, mais il a pensé que ce *Petit Livre* ne serait peut-être pas inutile à une époque comme la nôtre, où il est si urgent d'inspirer aux jeunes générations l'amour et le respect du devoir et de la loi.

Malgré tout ce que la matière a de sérieux, elle n'est pas au-dessus de l'intelligence des élèves les plus avancés des écoles primaires, à plus forte raison de ceux des cours spéciaux, des écoles normales et des cours d'adultes. Il n'est jamais trop tôt pour se familiariser avec la notion des devoirs de l'honnête homme et des droits du bon citoyen. Si l'auteur peut contribuer à ce résultat, il se croira trop récompensé pour l'humble part qu'il y aura prise.

LE PETIT LIVRE

DE L'HOMME ET DU CITOYEN

CHAPITRE PREMIER.

DIEU.

Son existence comme créateur et comme Providence. — Nos devoirs envers lui. — Le culte.

Dieu. — Deux amis passaient en se promenant devant une maison en construction, et l'un disait à l'autre :

— Tu as l'air de penser comme ceux qui prétendent que la croyance en Dieu est une faiblesse d'esprit ou un préjugé.

— Hé ! fit l'autre d'un air capable.

— Nous allons voir, reprit son ami. On élève ici une maison; suppose que la pierre, le bois, le fer, enfin tous les matériaux nécessaires, soient placés là sans un architecte pour tracer le plan et diriger les travaux, sans ouvriers pour les exécuter : crois-tu que les pierres se tailleront d'elles-mêmes, que le bois se façonnera tout seul de manière à donner les poutres, les planches, la charpente de la toiture, les portes, les fenêtres et le reste ; que les ferrements bien appropriés à leur destination viendront se fixer partout où il en faudra ?

— Belle question ! me prends-tu pour un insensé ?

— Comment, Monsieur l'esprit fort, il faut des hommes pour bâtir une maison, et il n'a pas fallu un Dieu pour créer le monde ! La plus chétive cabane est impossible sans l'homme, et l'univers avec toutes ses merveilles serait possible sans Dieu ! A moins que tu ne penses queee sont les hommes qui l'on construit, qu'en dis-tu ?

— Allons donc ! tu te moques de moi.

— C'est toi au contraire, qui voulais t'amuser à mes dépens. Tiens, je croirai qu'il n'y a pas de Dieu quand je verrai une maison se construire elle-même, une charrue se confectionner sans les mains du charron, le labourage s'effectuer sans charrue, sans bœufs et sans laboureur.

Il avait raison celui qui parlait ainsi ; le plus simple bon sens suffit pour nous convaincre de l'existence de Dieu.

Il se révèle à nous non-seulement comme créateur, mais aussi comme Providence. Sa main se montre constamment par l'ordre établi et maintenu dans toutes les parties de la création, et nous l'admirons dans la plante, dans l'insecte, dans tous les animaux, dans toute la nature. Nous y reconnaissons une puissance infiniment bonne, qui conserve tout ce qu'elle a créé, et qui maintient partout l'ordre et l'harmonie.

C'est pourquoi l'idée de Providence éveille en nous

l'idée d'un Père plein de prévoyance et de sollicitude ; elle parle au cœur autant qu'à l'esprit, elle aide à comprendre Dieu en nous le faisant aimer ; elle réfute d'un seul mot la folle prétention de ceux qui veulent expliquer l'univers par le hasard.

Voilà un convoi de chemin de fer quittant la gare de Paris pour aller à Lyon, par exemple : est-ce le hasard qui donne le signal, qui a calculé le nombre de kilomètres à parcourir par heure, qui a déterminé les temps d'arrêt, fixé le moment précis du départ et celui de l'arrivée ? Qu'on laisse au hasard le soin de la marche d'un train une fois lancé, et on verra de belles choses. L'expérience n'a déjà que trop montré ce qui arrive quand une main directrice fait défaut. Le hasard, s'il était quelque chose, ne serait qu'un principe de désordre, tandis que l'ordre règne partout dans l'univers. Ce qui a lieu sur la terre par les réseaux des voies ferrées n'est qu'une faible image de ce qui se réalise dans les espaces célestes sous le doigt de Dieu.

Ne voit-on pas, à chaque révolution annuelle de notre globe, la nature renaître et sortir, comme de nouveau, des mains du Créateur ? Pourquoi le cultivateur préparerait-il la terre, ferait-il les semailles en temps voulu, s'il ne comptait pas sur le retour des saisons ? Et pourquoi ce retour, sinon parce que la terre décrit régulièrement autour du soleil, et dans un espace limité d'avance, le cercle que Dieu lui a tracé ? L'astronomie prévoit le mouvement des astres, les éclipses, la marche des comètes, parce que l'homme s'est élevé à la connaissance des lois qui régissent toutes ces grands corps, et qui règlent tous les mouvements de l'univers.

Un exemple.

La comète de Halley (1), ornée d'une queue longue d'environ quatorze millions de lieues, parut avec un grand éclat en 1682 ; Halley, qui déjà soupçonnait que c'était la même qui avait brillé en 1531 et en 1607, annonça que, d'après ses calculs, on la verrait de nouveau en 1759, ce qui eut lieu. Mais dès l'année précédente, un célèbre géomètre français, Clairaut, avait déterminé, non-seulement l'année, mais l'époque où elle reparaîtrait, à un mois près. Et en effet, on vit la comète parcourir le chemin que lui avait tracé Clairaut parmi les constellations, et se présenter le 18 mars, juste un mois avant le jour indiqué. Enfin, elle fut annoncée de nouveau pour 1835, le 15 novembre, à minuit, et sauf une différence de quelques heures, elle fut exacte au rendez-vous que lui avait donné la science.

Devant cet ordre merveilleux qui raconte partout la gloire du Créateur, disons comme le vieux maître d'école que fait parler Lamartine :

« Courbons-nous, mes enfants, c'est la force de Dieu. »

Il est étrange qu'il faille insister sur une vérité qui ne devrait faire doute pour personne, mais de nos jours toutes les bases de la société sont ébranlées, à commencer par celle qui est la condition de toutes les autres.

Devoirs envers Dieu. — Puisque Dieu existe et que nous sommes ses créatures, nous avons des devoirs à remplir envers lui. Ces devoirs consistent à chercher

1. Nom d'un astronome anglais qui s'est beaucoup occupé de cette comète.

à le *connaître*, à l'*aimer*, à l'*adorer* en obéissant à sa volonté divine.

Chercher à connaître Dieu, c'est travailler à acquérir autant de vérités qu'il nous est possible, chaque vérité étant pour ainsi dire, un côté par où Dieu se révèle. L'homme ne les fait pas, il les découvre. Quand un écolier dit : la ligne droite est le plus court chemin d'un point à un autre, tous les rayons d'un même cercle sont égaux, il énonce deux vérités incontestables ; est-ce lui qui les a faites? est-ce son maître ? ni l'un ni l'autre. Elles étaient avant qu'il y eût un seul homme sur la terre pour les énoncer, elles seront encore quand il n'y aura plus un seul homme vivant. Des vérités de cette nature sont des manifestations de la pensée divine, et en s'appropriant, par exemple, les vérités de la géométrie, on apprend à mieux connaître l'éternel Géomètre.

Il en est de même, et à plus forte raison, des vérités de l'ordre moral, car il est éternellement vrai que l'homme doit faire le bien et ne pas faire le mal. Ainsi, une somme d'argent nous est confiée en dépôt : l'idée de la garder fidèlement et de la rendre se rattache nécessairement et d'elle-même à l'idée de cette somme, comme celle de l'égalité des rayons d'un même cercle se rattache à l'idée du cercle. Nous aurions beau chercher à nous tromper, jamais nous ne pourions nous convaincre qu'on est légitime propriétaire d'un dépôt qu'on doit rendre et qu'on ne rend pas.

Ce premier devoir conduit aux deux autres, car comment comprendre Dieu sans éprouver un sentiment d'admiration et d'amour? Comment l'aimer sans lui obéir ?

Aimer Dieu, c'est obéir à ses commandements, c'est pratiquer la justice ; voilà pourquoi la première condition de moralité, la plus forte garantie de l'accomplissement de tous les devoirs consiste dans le soin d'entretenir à l'égard de Dieu un amour constant, un respect filial qui rend l'obéissance facile. Aimer Dieu en esprit et par le cœur, c'est ce qui constitue le culte intérieur. C'est par là qu'on lui obéit en joignant aux sentiments intérieurs la pratique dans la conduite, laquelle peut se résumer dans ce vieux dicton de nos pères : « Fais ce que dois, advienne que pourra. »

Le culte. — Mais l'accomplissement de ces devoirs serait incomplet et bientôt impossible, s'il ne recevait du culte extérieur ce qui peut donner à nos sentiments religieux, à nos pensées, les conditions de clarté, de stabilité et de durée qui leur sont nécessaires; d'où résulte pour nous un nouveau devoir, ou, si l'on veut, un complément des premiers, le culte extérieur.

Celui-ci est la manifestation du culte intérieur. Si ce dernier restait enfoui dans la pensée, il ne serait bientôt plus qu'une semence étouffée faute d'air, rendue improductive par le manque de culture. D'ailleurs n'y a-t-il pas quelque chose d'attristant dans le spectacle d'un homme qui se refuse à montrer sa reconnaissance envers son bienfaiteur ? Nous honorons la mémoire des hommes dont les travaux ont contribué à la gloire et à la prospérité de leur pays, et nous n'aurions pas un acte de reconnaissance pour Celui à qui nous devons tout ! Assurément la première manière d'honorer Dieu, c'est de vivre en honnête homme ; mais si c'est une hypocrisie coupable de l'adorer de bouche quand on l'offense dans ses actions, c'est manquer à un devoir formel que de ne pas lui témoigner hautement son amour et son respect ; c'est en outre donner un mauvais exemple et se rendre coupable non-seulement envers Dieu, mais encore envers ses semblables. Le culte extérieur et public est donc doublement nécessaire. « Dieu qui a fait les hommes pour vivre en société, nous dit Fénelon, a voulu sans doute qu'ils s'aimassent, qu'ils vécussent tous ensemble comme frères dans une même famille et comme enfants d'un même père. Il faut donc qu'ils puissent s'édifier, s'instruire, se corriger, s'exhorter, s'encourager les uns les autres, et louer ensemble le Père commun. »

Il suit de là que contribuer par son langage ou par ses actes à déconsidérer la religion, à en éloigner ceux qui gardent la foi de leurs pères, c'est, tout en portant atteinte à la liberté de conscience, nuire à son pays, car c'est l'affaiblir en travaillant à briser un des liens qui font de tous les citoyens les enfants de la grande famille qui est la patrie.

QUESTIONS.

Est-il raisonnable de nier l'existence de Dieu?
L'univers ne prouve-t-il pas son auteur ?
Dieu se révèle-t-il à nous seulement comme créateur?
Peut-on attribuer au hasard les lois qui régissent l'Univers?
Avons-nous des devoirs envers Dieu et quels sont ces devoirs?
Y a-t-il une distinction à faire entre eux ?
Le culte extérieur et public est-il nécessaire ?
Est-ce un mal de chercher à déconsidérer la religion ?

CHAPITRE II.

L'HOMME.

Sa nature. — Liberté morale. — Destinée de l'homme.

Parmi tous les êtres qui vivent et qui s'agitent à la surface de notre globe, l'homme occupe le premier rang.

Sa nature. — Il doit cette supériorité à sa nature, qui est celle d'un être sensible, intelligent et libre, en un mot, d'un être moral. Il partage la sensibilité avec les brutes, il le cède à beaucoup d'entre elles en force physique ; le bœuf est plus fort que l'homme, l'éléphant bien davantage, et cependant il en fait ses serviteurs et ses esclaves. Pourquoi ? Parce qu'il a en lui une force bien autrement puissante que celle des muscles, la force que donne l'intelligence.

La brute a l'instinct, l'homme a la raison ; c'est entre eux une première différence que personne ne peut contester. Certaines espèces, comme le chien, le cheval, etc., sont susceptibles d'une sorte d'éducation, et annoncent par là quelque chose de plus que l'instinct, mais ce développement s'arrête fatalement devant les obstacles qui résultent de la constitution de chaque espèce, et qui prouvent que les bêtes ont été créées pour une fin (un but) qui n'est pas celle de l'homme. Ne forcez pas votre talent, dit La Fontaine ; à plus forte raison ne doit-on pas forcer la nature : on aura beau apprendre à un chien, à un singe à remuer un archet sur des cordes de violon; on fera une victime de la pauvre bête, jamais un artiste. Le singe, qu'on oppose si souvent à l'homme, ne sait pas même faire du feu; et cependant il aime bien à se chauffer.

Ce n'est pas seulement sous le rapport des besoins physiques que l'homme est supérieur par l'intelligence, c'est là son moindre avantage ; chez lui, l'intelligence s'élance dans des régions dont la brute n'a pas même le soupçon : le domaine de la science est fermé à celle-ci. Cherchez des géomètres parmi les chats ou les renards, des chimistes chez les singes, des astronomes chez les oiseaux ; qu'est-ce donc quand on s'élève à l'idée de la divinité !

La brute ressent le bien et le mal physique, c'est-à-dire le plaisir et la douleur, mais elle n'a pas l'idée du bien et du mal moral, de la vertu et du vice. C'est ici que la nature humaine achève de marquer la ligne infranchissable qui sépare l'homme de toutes les autres créatures de ce monde.

Non-seulement l'homme possède une intelligence bien supérieure à tout ce qu'on peut imaginer chez la bête, mais il est doué d'une faculté que celle-ci n'a pas, de la liberté ou libre-arbitre.

Liberté morale. — Il ne s'agit pas en ce moment de la liberté dans l'ordre civil ou politique, mais de celle qui en est le fondement, à savoir, de la liberté dans l'ordre moral. Or, une résolution, une action est *morale* quand elle est libre et conforme à la loi du devoir, *immorale* quand elle ne lui est pas conforme ; si elle n'était pas libre, elle ne serait ni l'une ni l'autre. D'après cela, la liberté morale consiste dans le pouvoir de vouloir ou de ne pas vouloir, de se résoudre à faire une chose ou à ne pas la faire, d'obéir à la loi du devoir ou de la violer. La décision que prend l'homme, il sent qu'il est libre de ne pas la prendre ; plus elle lui coûte, plus elle exige d'abnégation et de sacrifice, plus elle manifeste la noblesse et la supériorité de notre nature. En voici un exemple. Dans la dernière guerre, un employé du télégraphe à une gare de chemin de fer fut sommé par des Prussiens de donner un faux avis pour faire tomber dans le piége des troupes françaises, qui étaient à peu de distance de là ; sur son refus on le menaça de le fusiller, il persista et il fut exécuté. Il avait usé de son libre-arbitre pour faire son choix. En cédant à l'injonction qui lui était faite, il sauvait sa vie, il le pouvait ; il ne l'a pas *voulu*, parce qu'il *savait* qu'en cédant, il trahirait son pays ; le sentiment du devoir l'emporta chez lui sur l'instinct de conservation ; on l'estime et on l'admire parce que son sacrifice fut volontaire.

De ce que l'homme est un être moral, il résulte qu'il est responsable de sa conduite. Il doit compte de tous ses actes libres, sa conscience le lui dit, et au besoin la loi le lui rappelle. La loi est une preuve de la liberté morale et de la responsabilité qui en est la conséquence. Qu'un enfant, en jouant avec des allumettes chimiques, cause un incendie, on ne le traduit pas en cour d'assises ; il est trop jeune pour comprendre, et agir avec intention ; mais il n'en est pas de même pour un homme qui, en pareil cas, a un compte à rendre à la justice, parce qu'il est d'âge à *savoir* et à *vouloir*.

Destinée de l'homme. — La nature de l'homme nous conduit à conclure que sa destinée est différente de celle de la bête.

En effet, la destinée d'un être est déterminée par sa fin, ce qui veut dire par le but pour lequel il a été créé. Or, ce but suppose des moyens en harmonie avec lui et sans lesquels il serait impossible de l'atteindre. En comparant l'homme et la bête on voit combien ils diffèrent, parce que leur fin n'est pas la même.

Si l'homme n'était doué que de la sensibilité, et d'un instinct qui va quelquefois jusqu'à l'intelligence, il ne chercherait que son bien sensible, comme la bête qui n'en connaît pas d'autre : quand elle est bien repue, la bête se couche et s'endort, elle a trouvé son plus grand bien. Mais l'homme est plus qu'un être sensible, nous savons que par l'intelligence il comprend la loi du devoir, que par la volonté il s'y conforme librement, ou qu'il la viole sous sa responsabilité. S'il y reste fidèle il mérite, il a droit à une récompense ; dans le cas contraire, il démérite, il est passible d'un châtiment ; dans les deux cas, il a un compte à rendre parce qu'il était libre et par conséquent responsable. Ce compte, où le rendra-t-il ? A qui ? Est-ce ici-bas ? Non. D'abord il y a dans le cours de la vie de chacun de nous des pensées et des actions qui ne relèvent que de notre conscience et de Dieu, parce que Dieu seul en est témoin. En outre, sur cette terre, le mérite n'est pas toujours récompensé, le crime reste souvent inconnu et impuni, et c'est à la justice divine que l'humanité tout entière en a toujours appelé ; elle seule d'ailleurs est infaillible. De là ressort cette conséquence, que la destinée de l'homme est celle d'une âme immortelle. Avec l'immortalité de l'âme s'explique la vie humaine avec tous ses labeurs et ses obligations, l'homme ne se révolte plus contre sa destinée sur cette terre, il comprend que cette vie n'est qu'un chemin pour arriver au but final qui lui est promis.

Mais à quelle condition chacun de nous peut-il poursuivre cette grande destinée et arriver au but ? Ce n'est pas en restant isolé, mais en partageant avec ses semblables le fardeau de la vie. Il faut donc, pour comprendre l'homme, le considérer dans la famille, dans la société humaine, dans l'État, dans la patrie ; c'est là qu'il faut le voir se développer avec tous les devoirs et tous les droits qui résultent de ces divers milieux.

QUESTIONS.

Quelle est la nature de l'homme ?
Quelle différence y a-t-il entre lui et les autres créatures ?
Qu'est-ce que la liberté morale ?
Quelle est la destinée de l'homme ?

CHAPITRE III

LA FAMILLE.

En quoi consiste la famille. — Devoirs des parents ; droits des enfants. — Droits des parents ; devoirs des enfants.

La famille. — En naissant, tout homme est membre d'une société domestique : il a un père, une mère, des parents, tous unis entre eux par les liens du sang et aussi par des affections et des intérêts communs. Cette société est la famille, qui a pour base le mariage et la propriété, pour but l'éducation des enfants.

La famille est pour ceux-ci une petite patrie, image de la grande, celle de tous les citoyens.

Devoirs des parents, droits des enfants. — L'enfant, dans son premier âge, ne peut rien par lui-même, on lui doit tout, et pendant longtemps il aura besoin de la sollicitude de la mère, de l'amour prévoyant du père pour que son corps et son esprit se développent selon les sages lois de la nature.

Il serait superflu d'insister sur les devoirs des parents en ce qui concerne le corps. Il est évident qu'aussi longtemps que les enfants ne peuvent pas pourvoir à leurs besoins, c'est à ceux qui leur ont donné le jour à les nourrir, à les vêtir, à favoriser le développement de leurs forces physiques, à leur faire contracter des habitudes d'ordre, de propreté, d'exercices qui contribuent à donner la vigueur et la santé, dons précieux et qui entrent pour beaucoup dans la destinée de l'homme ici-bas.

Mais l'enfant n'est pas appelé uniquement à grandir comme être physique, il est par nature doué d'une intelligence qui demande à être cultivée. L'enfant qui ne prendrait jamais d'exercice, ou qui se bornerait à quelques mouvements insuffisants, resterait toute sa vie faible et chétif, un objet de pitié, incapable de figurer avec honneur parmi ses semblables. De même, un enfant dont l'intelligence n'est pas cultivée, qui reste privé de toute instruction, ne sera pas un homme complet ; plus tard il finira par sentir son infériorité, par en rougir et par comprendre que son ignorance compromet ses intérêts. Savoir c'est pouvoir, dit le proverbe ; cela est vrai souvent, et ce qui l'est toujours, c'est qu'un homme instruit, même dans des proportions modestes, est supérieur à celui qui ne sait rien. C'est aux parents à agir en conséquence.

Qu'est-ce qu'un ouvrier incapable de faire lui-même son compte ou de le vérifier ? Qu'est-ce qu'un soldat obligé de recourir à son caporal pour lui lire une lettre qu'il a reçue de sa famille et pour y répondre ? Bien coupables sont les parents qui par insouciance ou négligence exposent leurs enfants aux résultats de l'ignorance, surtout maintenant que l'État ouvre l'école à tous, et qu'il fait tout ce qu'il faut pour y appeler les générations nouvelles.

De là ressort pour les parents l'obligation de faire donner à leurs enfants une instruction appropriée à leur position, en restant d'ailleurs libres de choisir l'école qu'ils préfèrent.

L'accomplissement de ce devoir ne se borne pas aux bienfaits de l'instruction ; il a aussi pour effet d'habituer les enfants à un travail régulier,et de prévenir en eux les funestes habitudes de l'oisiveté et de la paresse. Quelle que soit leur position, il est du devoir des parents de mettre leurs enfants à même de vivre dignement et en payant de leur personne, afin qu'ils puissent, non-seulement, faire leur chemin dans le monde, comme on le dit, mais faire leur devoir dans le monde. Leur donner un état, les diriger vers une carrière, c'est autant que possible leur assurer l'avenir ; c'est leur ouvrir la porte d'une vie honnête, et leur donner un préservatif contre une sotte vanité, contre la lâcheté du cœur, l'orgueil stupide, et toutes les mauvaises passions qui deviennent autant de fléaux pour la société.

Reste un dernier devoir des parents qui vient compléter les précédents.

Favoriser le développement du corps, donner à l'esprit la nourriture intellectuelle dont il a besoin, c'est bien ; mais en outre, il y a le caractère à former, l'honnête homme à préparer dans l'enfant. Ce n'est plus d'instruction seulement qu'il s'agit, mais d'éducation. Or, on ne peut trop s'attacher à fortifier chez les jeunes âmes l'amour du bien, le sentiment du juste, le respect de l'autorité, à les accoutumer de bonne heure à sacrifier au devoir le plaisir et l'intérêt personnel.

Mais ici les leçons consistent moins dans les paroles que dans les actions ; les bons exemples valent mieux que les plus beaux discours du monde. Quelle autorité un père pourrait-il donner à ses paroles si, prêchant le travail et la sobriété, il passait une partie de son temps au cabaret ? La pente du mal est facile et douce, les enfants y suivraient leur père plus volontiers que sur la montée du bien. S'il voulait user de son autorité, n'auraient-ils pas le droit de dire, comme la fille de l'écrevisse à sa mère :

> « Puis-je autrement marcher que ne fait ma famille ?
> Veut-on que j'aille droit quand on y va tortu ? »

Ils ne le diraient pas, mais ils le penseraient, et le mal ne serait pas moindre : d'un côté le respect diminue et de l'autre l'autorité s'affaiblit.

Est-ce à dire que les enfants seraient excusables ? Qu'ils se gardent bien de le croire. La conduite du père ne serait que la conséquence de la mauvaise éducation qu'il aurait reçue, d'un manque de bons conseils et de bons exemples ; il serait lui-même la première victime du mal qu'il communiquerait aux siens. C'est ainsi que de générations en générations le mal peut se propager.

Si les devoirs des parents sont grands, ils sont rendus faciles par un sentiment que la nature a mis dans leur cœur : par l'amour maternel, si plein de sollicitude et de tendresse ; par l'amour paternel, plus réservé quelquefois, mais non moins profond et souvent plus éclairé. C'est à cet amour que les enfants doivent répondre, c'est lui qui rend leur ingratitude plus odieuse quand ils manquent à ce qu'ils doivent à leurs parents.

Devoirs des enfants, droits des parents. — Un jour vient, en effet, où ils peuvent comprendre tout ce qu'un père et une mère ont fait pour eux, les soins qu'ils leur ont donnés, les sacrifices qu'ils s'imposent encore pour assurer leur avenir, et par suite ce qu'en retour ils ont le droit d'attendre d'eux.

Les devoirs des enfants se résument dans le respect et l'obéissance, dans la reconnaissance et l'amour.

Ces devoirs constituent les droits des parents, ils ont donc celui de commander et de punir en cas d'infraction. Faut-il chercher à prouver qu'ils ont droit au respect, à la reconnaissance et à l'amour ? Malheur à l'enfant qui ne trouverait pas dans son cœur les sentiments de la piété filiale ! Chez tous les peuples, le fils ingrat a été regardé comme un monstre. A Athènes, dans l'ancienne Grèce, le fils qui avait intenté une action en justice contre son père était déclaré infâme, on l'excluait de certains honneurs et de certaines cérémonies. Chez le même peuple, le fils qui levait la main sur son père avait le poing coupé, mais aucune loi n'était portée contre le parricide, tant on croyait qu'un tel crime était impossible.

Parvenus à l'âge d'homme, ou quand ils sont eux-mêmes chefs de famille, les enfants ne sont plus soumis à l'obéissance au nom de la loi, mais ils n'en sont que plus tenus à la déférence et au respect. Dans tous les temps ils doivent assister leurs parents et protéger leurs jours même aux dépens des leurs. S'ils avaient besoin d'y être contraints, la loi exigerait de leur part des secours matériels, même lorsque le lien de l'obéissance est rompu.

On peut voir, par le rôle que joue la famille

dans la société, de quelle importance est l'éducation ; car un peuple ne vaut que ce que vaut la famille.

Dans une famille constituée par les saintes lois du mariage, le père devient le représentant de Dieu, comme Dieu est lui-même le père commun des hommes. Tel est le caractère du pouvoir paternel. La volonté du père a force de loi tant qu'elle n'est pas ouvertement contraire à la loi morale. La mère, soumise elle-même à cette autorité, transmet les ordres aux enfants et les fait exécuter, en vertu de l'obéissance qui lui est également due.

Les enfants, égaux en droits, ont tous aussi les mêmes devoirs envers le père et la mère et à l'égard les uns des autres. C'est une image fidèle de l'égalité des hommes devant Dieu, et des citoyens devant la loi.

QUESTIONS.

Qu'est-ce que la famille ?

Quels sont les devoirs des parents envers leurs enfants ?

Ces devoirs se bornent-ils à ce qui concerne le corps ?

A quoi doivent surtout s'attacher les parents ?

Quels sont les devoirs des enfants envers leurs parents, et par suite les droits de ces derniers?

Qu'est-ce que le père dans une famille bien constituée ?

CHAPITRE IV

LA SOCIÉTÉ.

Nécessité de l'état social. — Devoirs et droits qui en résultent.

La société. — L'idée exprimée par le mot société est celle d'un assemblage de personnes unies par des rapports naturels ou conventionnels ; c'est, dans sa plus grande généralité, la société humaine qui se subdivise en différents groupes : tribus, peuples, nations, etc.

Nécessité de l'état social. —L'homme est né sociable, c'est en société seulement qu'il peut développer toutes ses facultés, donner cours à ses tendances naturelles vers ce qui est beau, ce qui est vrai, ce qui est bien. C'est le sol sur lequel il est à même de se développer et de donner les fruits dont il apporte les germes en naissant. Que serait-il, vivant isolé et solitaire ? C'est à peine si la vie lui serait possible, et ce ne serait que celle de la bête. Ne voit-on pas les individus qui, par accident, ont été écartés de la société et réduits à vivre isolés, tomber bientôt dans un état de souffrance et d'abrutissement, dégénérer et périr? En toutes choses et à chaque instant, l'expérience nous montre les heureux effets de l'accord et de l'esprit d'association, les funestes conséquences de la division et de l'isolement. Ce sont là autant de preuves qu'il est bon pour l'homme de vivre en société, et que l'état social est vraiment dans sa nature.

Les hommes étant nés pour vivre en société, il existe entre eux des rapports naturels, ils ont besoin les uns des autres, car individuellement ils ne pourraient pas satisfaire aux nécessités de la vie. Dès lors, sans parler encore des devoirs qu'impose une société civile et politique, la vie commune en impose qui sont ceux du semblable envers son semblable : obligatoires pour chaque individu partout et toujours, ils sont en nous les prescriptions mêmes de la loi naturelle, et donnent lieu à des droits correspondants.

Devoirs et droits sociaux. — Chacun de nous doit travailler à l'accomplissement de sa destinée en faisant le bien. Faire le bien ce n'est pas seulement travailler pour soi, mais encore pour ses semblables; c'est les aider à aller à la fin commune, au but définitif. De là les devoirs généraux des uns envers les autres et qui se résument dans ces deux préceptes :

1° Ne fais pas à autrui ce que tu sais qu'autrui n'a pas le droit de te faire ;

2° Fais pour les autres ce que tu désires que les autres fassent pour toi.

Tous les devoirs compris dans le premier reposent sur le respect des droits de nos semblables; ils sont une application du principe d'égalité et de justice, duquel découlent tous ces devoirs. La conscience suffit pour nous les révéler.

Les devoirs compris dans le second précepte sortent d'un principe de bienfaisance et d'amour. Ils sont stricts et rigoureux comme les premiers, sans être exigibles comme eux par la loi humaine. Au malheureux qui tombe d'inanition, nous devons donner un morceau de pain, mais le Code n'a pas de punition pour celui qui aurait l'inhumanité de le lui refuser, comme il en a pour le voleur ou le meurtrier. C'est pourquoi la religion a fait du devoir de bienfaisance sa loi de *charité*, et en la rattachant au devoir suprême d'aimer Dieu, elle a renfermé tous les préceptes de la plus pure morale dans cette prescription aussi simple qu'elle est sublime : « Aimez Dieu sur toute chose et votre prochain comme vous-même pour l'amour de Dieu. »

A vrai dire, il n'y a qu'un devoir : faire le bien en se conformant à la loi morale. Mais comme il y a plusieurs manières de faire le bien, il en résulte plusieurs sortes de devoirs, et qui sont imposés à l'homme par sa destinée, comme membre d'une société, et par la mission qu'il doit remplir en cette qualité.

Nous avons déjà vu que chacun de nous naît membre d'une famille ; en outre, tout homme fait partie d'une société plus étendue, la société civile, et comme tel il a de nouveaux devoirs et de nouveaux droits.

Parlons d'abord des devoirs.

Ce qu'on penserait d'un enfant qui, résistant à l'autorité paternelle, introduirait dans la famille un élément de trouble et de malheur, on doit le penser d'un membre d'une société qui, en refusant obéissance aux lois, y introduit une cause de décadence et de ruine. Les devoirs des membres d'une société civile se ramènent, comme ceux des enfants dans la famille, à l'amour, au respect, à l'obéissance : amour de la *patrie*, respect au *souverain*, obéissance aux *lois*. Nous entrerons dans quelques détails en parlant de l'État.

Remarquons cet admirable accord de toutes les sortes de devoirs qui viennent tous s'énoncer dans la même formule ; c'est que tous ne sont que des formes diverses du devoir, ce qui les rend tous obligatoires et sacrés. En les accomplissant, l'homme remplit à la fois sa double mission et prépare la réalisation de sa destinée finale, car les différents devoirs forment une chaîne qui relie la terre au ciel, l'homme à Dieu.

En général, les droits résultent des devoirs, car pour l'individu considéré comme membre de l'humanité, le devoir consiste à respecter les droits d'autrui, en sorte que le droit et le devoir ne sont, sous deux aspects différents, qu'une seule et même chose, la justice.

Il en est de même pour l'homme considéré comme membre d'une société civile, mais alors il faut distinguer les droits qui résultent de sa position nouvelle.

Les uns rentrent presque tous dans la classe de ceux donnés par le droit naturel à chaque homme, comme membre de la société humaine.

Ainsi, chacun peut exiger : 1° qu'on respecte sa liberté, et en particulier sa liberté morale, c'est-à-dire qu'on ne le pousse pas à des déterminations qui peuvent lui être nuisibles ; 2° qu'on ne mette pas obstacle au développement de son intelligence en l'empêchant de s'instruire, en le faisant tomber sciemment dans l'erreur, en le trompant par le mensonge ; 3° Qu'on respecte la liberté de sa pensée et de sa conscience ; 4° qu'on respecte sa vie, son honneur, son bien-être et sa propriété.

Ces droits mutuels sont donnés par la nature, mais

il appartient au législateur d'en assurer la réalisation, et de punir ceux qui la transgressent.

Les autres sont relatifs à la constitution gouvernementale des peuples, de là leur différence d'un peuple à un autre. Ils consistent, en général, à participer directement ou indirectement à la confection des lois, à l'administration du pays, à ne pas subir de priviléges, à être jugé par une magistrature régulière et pour des délits bien déterminés.

QUESTIONS.

Qu'est-ce que la société?

L'homme est-il destiné à vivre en société?

Quels sont les devoirs généraux de l'homme comme membre de la société humaine?

Quels sont ses devoirs et ses droits comme membre d'une société civile?

CHAPITRE V

LE TRAVAIL.

Sa nécessité pour le développement moral de l'homme. — Sa nécessité dans la société. — Ses conditions : l'ouvrier, le capital, le salaire, l'association. — La production et la consommation.

Sa nécessité pour le développement moral de l'homme. — L'homme est supérieur à la bête, et l'une des preuves de cette supériorité est dans ce fait qu'il est appelé par la Providence à un travail qui n'est pas instinctif, comme celui de l'abeille ou de l'oiseau faisant son nid, mais intelligent, libre et variant selon sa volonté, ses besoins et même ses caprices.

Il faut donc entendre par le travail l'acte humain, tant de l'intelligence que du corps, se combinant avec les matériaux donnés par la nature, pour obtenir un résultat cherché. Il est nécessaire et obligatoire tant au point de vue moral qu'au point de vue physique.

C'est par le travail que l'homme se développe comme être moral, puisque sa volonté et son intelligence sont en jeu ; qu'il devient puissant et que la société produit les merveilles de la civilisation. Sans le travail l'homme pourrait à peine vivre de la vie matérielle, et en somme il resterait une ébauche, ce serait le fruit sauvage comparé au fruit développé par la culture.

Voyez-le jeté sur la terre, entouré d'ennemis nombreux, armés de griffes, de dards, de poisons ; exposé à l'inclémence du ciel, tandis qu'à ses côtés passent des animaux couverts de fourrures, de toisons, de plumes et d'écailles. Il est sans abri, et chacun des autres êtres animés a sa tanière, son terrier, son nid, sa coquille, sa carapace ; il est dans toutes les conditions voulues pour succomber, et cependant un jour vient où il est vainqueur des animaux qui menaçaient sa vie. Il les a domptés et soumis, il les fait servir à ses besoins et à ses plaisirs ; il triomphe aussi de la nature physique, il commande en bien des cas à la terre et à la mer, il détourne la foudre et la dirige. Quel est ce miracle ? C'est le miracle du travail, mais du travail d'un être intelligent, créé pour aller volontairement à la destinée promise à ses efforts.

Le travail est donc à la fois une nécessité et un devoir: une nécessité, car sans lui l'homme ne pourrait pas vivre, ou il ne traînerait qu'une existance misérable, au-dessous de celle des brutes ; le sauvage de la Nouvelle-Hollande est plus malheureux qu'elles. Un devoir, car l'homme, en sa qualité d'être moral, doit *travailler* à se perfectionner, à répondre à la dignité de ce qu'il y a en lui de plus noble, de son âme : l'homme n'est que ce qu'il se fait, et il n'obtiendra que ce qu'il aura mérité.

Sa nécessité dans la société. — L'homme est donc un travailleur par nature, c'est sa mission et sa destinée ici-bas. Et par travailleur il ne faut pas entendre seulement l'ouvrier chez qui la force physique est souvent plus en jeu que l'intelligence. Quiconque s'occupe et prend sa part du labeur général est un travailleur. L'enfant qui étudie entre déjà dans les rangs de cette grande armée où, à côté des ouvriers dans tous les genres d'industrie, marchent le prêtre, le médecin, l'avocat, le magistrat, l'instituteur, le savant, l'artiste, l'écrivain, le simple soldat comme ses chefs ; tous ceux enfin qui concourent d'une manière ou d'une autre à ces merveilleuses transformations de la nature et de l'homme lui-même, et qui ont conduit l'humanité de son état primitif au degré de civilisation où nous la voyons aujourd'hui.

Une conséquence immédiate de cet état de choses établi par la Providence, c'est le devoir pour chacun de se mettre en mesure de devenir un travailleur intelligent et habile. Un homme faible et réduit au travail de manœuvre gagne moins que celui qui est robuste, mais il est possible de remédier à l'infériorité physique par l'intelligence, et avec une instruction suffisante il peut trouver un sort plus heureux.

Une autre conséquence, et sur laquelle on ne doit pas craindre d'insister, c'est que l'inégalité des conditions ne dépend pas de l'organisation sociale. Ce n'est pas elle qui a fait que tel homme est plus fort ou plus faible que tel autre, que celui-ci est plus intelligent que celui-là, que Pierre est laborieux tandis que Paul est paresseux ; autant vaudrait dire que c'est elle qui donne la beauté aux uns et la laideur aux autres. Loin d'accuser l'organisation de la société, il faut reconnaître qu'elle s'étudie à faire disparaître autant que possible les inconvénients de ces inégalités. Il est vrai qu'il n'en a pas toujours été ainsi, mais il ne faut pas juger absolument du présent par le passé. De nos jours, on voit l'autorité gouvernementale s'efforcer de donner à tous une instruction qui a manqué trop longtemps au grand nombre, afin que tous puissent répondre utilement pour eux à l'obligation du travail.

Parmi les bienfaits du travail, il faut placer le contentement de soi-même et l'estime de ses semblables. L'écolier qui a bien travaillé et accompli sa tâche rentre à la maison joyeux et content, avec les encouragements du maître et la satisfaction de ses parents ; le paresseux, qui ne fait rien de bien, revient mécontent et d'un air refrogné; il a été puni, et au lieu d'une caresse de sa mère, il est accueilli par ces mots : Te voilà vilain paresseux. Ses camarades eux-mêmes se le montrent volontiers du doigt, et s'ils ne lui disent rien ils n'en jasent pas moins entre eux. Dans notre société moderne le travail ennoblit, il réhabilite celui qui a failli, il est une source de bonheur, car avec la santé du corps et de l'âme il peut donner l'aisance et la richesse. Au contraire, l'oisiveté et la paresse préparent la mauvaise conscience, parce qu'elles mènent à tous les vices sans compter la misère.

Puisque le travail est d'obligation, en un mot, un devoir, il a son droit correspondant, mais comment faut-il entendre ce droit ? Cette question est trop à l'ordre du jour et trop sérieuse pour ne pas nous y arrêter un moment.

Oui, le droit au travail est un droit sacré : maintenu dans les limites de l'équité, ce n'est pas moins que le droit de vivre. Ainsi, quand une grève se déclare, les ouvriers sont libres de ne pas travailler; mais ceux qui, ne voulant pas céder aux mauvais conseils venus du dehors, entendent continuer à gagner leur pain du jour et celui de leurs familles, en ont-ils le droit ? Oui, cent fois oui, et bien criminels ceux qui les en empêchent par la menace ou des voies de fait. C'est violer la liberté individuelle, c'est violer tous les droits de l'homme et du citoyen. Ceux qui se portent à ces excès sont de véritables fléaux de l'industrie, et en se faisant tort à eux mêmes, ils deviennent pour les ouvriers laborieux et honnêtes, pour le pays tout entier, plus à craindre que le choléra et les Prussiens.

De là faut-il conclure le droit au travail, en ce sens que l'État est obligé d'en procurer à ceux qui n'en ont pas ? Cette prétention est aussi déraisonnable que beaucoup d'autres de même provenance.

L'État, dans le sens général, est la société tout entière, l'argent de l'État est celui des contribuables, et c'est avec cet argent qu'il faudrait payer ceux qui réclameraient de l'ouvrage. Il y aurait un nouvel impôt; l'impôt du travail; et dont une conséquence première serait la ruine de l'industrie privée; car si l'État se faisait entrepreneur et fabricant, il serait forcé d'écouler ses marchandises à tout prix, ou de les donner, et celles des particuliers resteraient en magasin ou à l'étalage.

A ces prétendus réformateurs, qui peut-être sont de bonne foi, mais qui égarent le peuple en se trompant eux-mêmes, il faut apprendre, ou le leur rappeler, s'ils l'ont jamais su, que le véritable et légitime droit au travail, a été proclamé le jour où la Constituante a définitivement aboli les corporations. Elles avaient eu leur raison d'être, mais depuis longtemps elles étaient devenues un obstacle au développement de l'industrie et la négation du droit qu'a chacun d'user de ses facultés, et de travailler à améliorer son sort.

Il n'est pas inutile de citer quelques exemples fournis par l'histoire des classes ouvrières.

« Un forgeron ne pouvait pas faire une clef, ni un ébéniste une serrure, ni un tailleur la réparation d'un vieil habit, ni un fripier un habit neuf. Les fripiers tenus en bride par les tailleurs, qui les empêchaient de se servir d'étoffes neuves, se vengeaient sur les femmes de leurs adversaires quand elles s'avisaient de faire un point ou de coudre un bouton aux chausses (culottes) de leurs maris. Les savetiers s'attirèrent une mauvaise affaire avec les cordonniers parce qu'ils s'étaient permis de faire des souliers neufs pour leurs femmes et leurs enfants. Les lormiers (fabricants de mors et d'éperons) firent défendre aux selliers d'exposer en vente cette partie de harnachement du cheval. Il y avait pour ainsi dire une guerre permanente entre les foulons et les teinturiers. Un arrêt du parlement décida, après un procès qui dura plus de trois siècles, que les tailleurs ne pourraient employer pour la doublure d'un pourpoint une étoffe ayant servi, parce que ce serait empiéter sur le privilége des fripiers. Les merciers, vendant un peu de tout, avaient des procès avec tout le monde. Les gantiers leur firent défendre de recoudre des gants ; il leur fut seulement permis de les enjoliver par des broderies. Ils n'en purent avoir que trois douzaines empilées sur leur comptoir, et deux paires dans la montre. Ce fut pendant plus de cent ans un crime punissable de trois mille livres d'amende, et en récidive, de la privation de la la maîtrise et de l'emprisonnement, que de mêler la soie au castor dans la fabrication des chapeaux. Un chaussetier inventa un jour de remplacer les cordons qui rattachaient les braies au pourpoint par des aiguillettes. Le public fut de son avis et trouva les aiguillettes plus commodes et plus élégantes. Les gardes du métier firent un procès qui dura quinze ans, et c'est en 1398 que le public eut pour la première fois la permission de nouer ses chausses comme il l'entendait. Les boutons couverts d'étoffe n'eurent pas moins de peine à s'établir ; les boutonniers d'or et de nacre et les boutonniers ciseleurs poursuivirent à outrance les boutons économiques. Le parlement lui-même les vit de mauvais œil et permit aux officiers de police de les couper dans la rue sur les habits de ceux qui les portaient (1). »

1. *Eléments d'économie morale, industrielle, commerciale*, par M. H. Baudrillart, membre de l'Institut.

Il faudrait citer longtemps si l'on voulait tout dire. Ajoutons seulement que le compagnon ouvrier trouvait mille embûches sur le chemin qui devait le conduire à la maîtrise, et que le plus grand nombre de ceux qui auraient prospéré mouraient dans le désespoir et dans la misère.

Telle était la position des travailleurs à laquelle mit fin la révolution de 1789. En reconnaissant leur droit et en le proclamant, l'autorité fit tout ce qu'elle devait et tout ce qu'elle pouvait faire ; c'est à chacun de faire le reste.

Les conditions du travail : l'ouvrier, le capital. — Le travail exige deux choses : l'homme capable d'exécuter la tâche dont il s'est chargé, c'est à dire l'ouvrier, quel qu'il soit, et les ressources nécessaires pour atteindre le résultat auquel il aura droit.

On dit généralement que le capital est : *tout produit du travail mis en réserve pour une production future.* Cette définition ne donne pas une idée exacte du capital : d'abord parce qu'elle semble ne comprendre que le capital-argent, ensuite parce que le travailleur qui prend le marteau ou le rabot pour la première fois et pour un salaire convenu, n'a pu encore rien mettre en réserve ; avant d'épargner il faut gagner, et pour gagner, travailler ; l'ouvrier qui débute, sans ressources du dehors, a donc besoin d'un capital différent de celui qu'on peut appeler un capital argent.

Dans le sens le plus large, le capital consiste dans l'apport que chacun fait pour un travail en commun ou autrement ; c'est un avoir qui peut différer de nature, mais qui a toujours pour but le même résultat, le travail. Ceci admis, on doit reconnaître que l'argent occupe la première place. Au cultivateur qui veut exploiter une ferme, à l'industriel qui monte un atelier ou une usine, il faut de l'argent pour faire les avances nécessaires ; sans lui point de ferme, point d'atelier, point d'usine. La première conclusion à tirer de là, c'est que ceux qui déclament contre le capital ne savent ce qu'ils disent. Le capital et le travail sont nécessaires l'un à l'autre, et également impuissants l'un sans l'autre. Un sac d'écus, sans ouvriers, ne fera pas une maison, ne labourera pas un champ ; et les ouvriers, s'il n'y a pas d'écus pour les payer, ne travailleront pas.

Mais l'argent ne représente pas seul le capital : une machine dans une filature est un capital, une charrue dans un champ en est un autre. Si l'ouvrier n'apporte pas d'argent, il fournit néanmoins son capital qui consiste non pas seulement en outils, qui souvent ne lui appartiennent pas, mais dans l'aptitude qu'il a acquise pour tel ou tel genre d'industrie.

Le savoir de l'ouvrier est donc un capital puisqu'il en tire un revenu ; s'il gagne 5 fr. par jour, il a 1,825 francs par an, sauf les jours où il ne travaille pas, voilà le revenu de son capital.

L'instruction, sous toutes ses formes, est un capital, et le plus solide de tous. Un ancien se sauvait de sa ville natale qui était en feu, il n'emportait rien, on lui en fit l'observation : Je porte ma fortune avec moi, répondit-il ; c'était un savant de ce temps-là. L'argent se perd, un incendie détruit un atelier, une fabrique, le patron est quelquefois ruiné ; l'ouvrier sera peut-être quelque temps sans ouvrage, mais il en trouvera, il a conservé son capital.

Une fois mis en mesure de gagner sa vie, l'ouvrier peut à son tour se former un capital-argent, mais à la condition qu'il saura se conduire ; qu'au travail il joindra la prévoyance, qu'il mettra à la caisse d'épargne au lieu d'aller au cabaret, selon l'expression usitée. Avec la bonne conduite, l'ouvrage est plus soigné et plus productif, car c'est la débauche qui fatigue et qui énerve, ce n'est pas le travail avec le repos du dimanche. C'est ainsi qu'un simple ouvrier peut devenir patron à son tour, les exemples ne manquent pas. L'épargne est le commencement de la richesse.

Le salaire. — Le travail doit être rémunéré ; il l'est tantôt par le salaire convenu entre l'ouvrier et le patron, tantôt par les fruits de l'association.

Le salaire, soit à la tâche, soit à la journée, est le prix convenu dû à l'ouvrier pour son travail : ce prix est librement fixé entre lui et le patron. Le premier n'est pas obligé d'accepter l'offre qui lui est faite, non plus que le patron de céder aux exigences de l'ouvrier. Les salaires varient selon la nature des travaux, et aussi selon les circonstances. Comme l'a dit un célèbre économiste anglais, Cobden : quand deux ouvriers courent après un maître, les salaires baissent ; quand deux maîtres courent après un ouvrier, les salaires s'élèvent. Si la variabilité des salaires expose quelquefois l'ouvrier à la gêne, il aurait pu la prévoir au moyen de l'épargne, quand les circonstances lui étaient favorables ; d'un autre côté, ce mode de rémunération a cela d'utile qu'il met à l'abri des risques qui menacent une entreprise.

On a mis en avant, de nos jours, l'idée de l'égalité des salaires. C'est la meilleure recette qui puisse être imaginée en faveur de la paresse et de l'ignorance. Ce serait couper court à toute espèce de progrès, étouffer tout sentiment d'émulation et convier chaque ouvrier à se mettre « au niveau des plus paresseux », selon l'expression du maréchal Bugeaud.

Si la rémunération n'est pas toujours telle qu'il pourrait la désirer, l'ouvrier aurait tort de croire que son fardeau est le plus lourd. Quand il a fait sa journée, il rentre, prend son repas et dort d'un bon somme, l'esprit tranquille ; je parle d'un travailleur honnête et rangé. Le patron passe souvent les heures du soir et d'une partie de la nuit à chercher comment il fera honneur à ses engagements, à prévenir les mauvaises chances, quelquefois à y faire face. L'ouvrier dépend de sa conduite et le patron de sa gestion. L'un, en se conduisant bien, arrive à un résultat bien assuré, tandis que l'autre, avec toutes les précautions possibles, peut encore être ruiné. Le plus dépendant des deux c'est lui, car il a souvent contre lui l'inconnu.

Il importe également de laisser au *salaire* le caractère qui lui appartient, et de ne pas le présenter, ainsi que le font certains socialistes, comme avilissant celui qui le reçoit. A ce compte, il faudrait dire que tous les employés du gouvernement sont avilis, car que sont-ils, sinon les salariés de l'État? Chaque représentant à l'Assemblée nationale touche 25 fr. par jour, se croit-il déshonoré ?

A parler rigoureusement, entre celui qui travaille

et celui qui l'emploie, il y a un échange, qu'on lui donne le nom qu'on voudra, il n'y a pas autre chose. Je vous donne mon temps, mon savoir-faire, je mets à votre service mes forces et mon intelligence; en échange vous me donnez une certaine somme d'argent. Que représente cette somme ? ce qu'il me faut pour me vêtir, me nourrir, me loger, etc.; donc, en échange de mon travail, vous me donnez vêtement, nourriture, logement. Au lieu de me payer en nature, vous le faites avec une valeur de convention, voilà toute la différence, c'est le train ordinaire de la vie, chacun a besoin de son semblable.

L'association ouvrière. — L'association est en soi très-légitime, elle présente des avantages, elle est désirable dans une certaine mesure, mais elle a aussi ses difficultés et ses dangers.

En attachant directement les ouvriers associés au succès d'une entreprise, elle leur fait sentir plus rigoureusement la nécessité du travail régulier, de l'ordre, de l'économie du temps, car, selon la maxime américaine, le temps c'est de l'argent. Elle peut développer en eux la moralité, l'instruction, la capacité professionnelle, toutes conditions sans lesquelles la réussite est impossible. Ce sont ces conditions mêmes qui la rendent difficile et chanceuse.

Et d'abord, l'ouvrier prétend échapper à ce qu'il appelle sa dépendance vis-à-vis d'un patron, mais il court le risque d'en trouver une bien plus gênante, car dans une association il y a souvent plus d'un maître, et l'accord est plus difficile. Dans un État, quand il n'y a pas d'unité pour la direction des affaires, tout va mal ; de même dans une association, si chacun veut faire prévaloir son idée, tout est perdu. En outre, il y a les chances à courir, et si l'on échoue c'est la ruine. Enfin il faut un capital pour fonder l'établissement, et un à chaque membre pour vivre en attendant la répartition du bénéfice. Le salaire n'est pas toujours assuré, et bientôt les associés aux fatigues de l'ouvrier joignent les soucis du patron.

Ce n'est pas qu'il faille pour cela y renoncer ; elle a, répétons-le, son utilité, mais il importe de la considérer à tous ses points de vue, et de ne pas repousser en son nom le salariat. Une association peut réussir, il y en a des exemples, mais elle peut échouer. Si les promesses du salariat sont moins brillantes elles sont plus sûres, et avec lui l'ouvrier peut constater que dans bien des cas,

« Un *Tiens* vaut, ce dit-on, mieux que deux *Tu l'auras.* »

La production et la consommation. — Produire n'est pas tout, ce n'est que la moitié de la tâche ; il faut que le demandeur se présente, que l'acheteur réponde aux offres qui lui sont faites.

A la production répond la consommation, à l'offre la demande.

Il y a des moments où tout va bien, où la commande afflue, alors la ruche est pleine et il y a du miel pour tous. Mais quand la production dépasse les besoins, l'offre reste sans réponse, les prix baissent, l'ouvrier en souffre comme le patron, et le patron comme l'ouvrier, car ils sont deux qui ne font qu'un. Toutefois une détente commerciale n'est qu'un fait accidentel qui trouve son remède dans une prospérité antérieure si on a su être prévoyant, ou sa compensation dans une reprise des affaires, mais le fait commercial veut être considéré en outre à un autre point de vue.

Le monde est un vaste marché où l'offre et la demande ont besoin d'être soumises à une loi qui devient la garantie de la valeur de la marchandise, et en vertu de laquelle cette marchandise n'est vendue ni payée trop au-dessus ni trop au-dessous de ce qu'elle vaut : c'est la concurrence.

En effet, si l'offre s'imposait à la demande, c'est-à-dire, s'il n'y avait qu'un vendeur pour une sorte de marchandise, et par conséquent un monopole, les prix seraient tout à fait arbitraires et trop élevés. Le contraire arriverait si la demande faisait la loi au vendeur, c'est-à-dire si ce dernier était contraint de livrer sa marchandise à un prix fixé malgré lui, comme cela arriva en 1793 par la loi du *maximum*. Il faut donc, des deux côtés, pleine et entière liberté, et c'est ainsi que la concurrence est un élément d'ordre, un stimulant pour l'industrie. Mais comme toute chose en ce monde, c'est une médaille qui a son revers : par elle l'industrie est une lutte incessante, et ce n'est que par l'ordre, le travail éclairé par la science, la probité dans les transactions qu'on peut espérer la victoire.

QUESTIONS.

Qu'est-ce que le travail ?

Est-il une obligation au point de vue moral, et une nécessité au point de vue social ?

Qu'est-ce qu'un travailleur?

Quelle est la conséquence de l'obligation du travail ?

Comment faut il comprendre le droit au travail ?

Quelles sont les conditions du travail ?

Que faut-il entendre par le capital, consiste-t-il uniquement en une somme d'argent ?

Qu'est-ce que le salaire ?

Quels sont les avantages et les inconvénients de l'association ?

Qu'est-ce que la production et la consommation ?

Qu'est-ce que la concurrence et quelle est son utilité ?

CHAPITRE VI

LA PROPRIÉTÉ.

Origine de la propriété, son développement, sa transmission.

Le travail n'a pas pour unique résultat de pourvoir aux besoins du jour, il étend son bienfait au delà ; il est une sorte de providence qui assure l'avenir de chacun dans la mesure du possible, il augmente la puissance de l'homme et celle de la société en créant la propriété.

Origine et principe de la propriété. — Supposons qu'il n'y ait qu'un seul homme sur la terre. Tant que cet homme est le seul de son espèce, on ne peut pas dire qu'il possède ; il use de ce qui lui est nécessaire pour se nourrir et se protéger contre les forces extérieures, mais il n'a rien en *propre* parce qu'il n'y a rien en *commun*.

La distinction du propre et du commun suppose la pluralité des êtres appelés à user de certaines choses par droit égal. Dès qu'il existe plusieurs hommes, le droit d'user, qu'aurait un seul, s'applique à tous les autres ; par là il se limite ; en se partageant, il devient pour chacun d'abord le droit d'user de certaines choses *en commun* avec son semblable, puis celui d'user d'autres choses *exclusivement* à tous les autres.

Un ruisseau coule dans la prairie, chacun a le droit d'y puiser selon ses besoins ; parmi ceux qui en profitent, un homme se fabrique un vase pour y puiser plus commodément, ce vase est à lui seul, nul n'a le droit de s'en servir sans son consentement. Son droit est d'en user comme il veut, c'est le droit exclusif de propriété, et déjà nous pouvons entrevoir le principe et la véritable source de la propriété.

Dans les premiers temps du monde, les familles, peu nombreuses, pouvaient sans peine et sans débats s'établir sur la surface de la terre, les unes d'un côté, les autres de l'autre, selon qu'elles trouvaient ici ou là les ressources nécessaires à leur existance. C'est ce qu'on a appelé le droit d'occupation ou de premier occupant ; mais un tel droit diminua en même temps que les ressources qu'il offrait. A mesure que l'espèce humaine se multipliait, on s'aperçut qu'il ne pouvait pas être admis comme le vrai principe de la propriété.

Ainsi deux familles s'arrêtent sur un même emplacement ; l'une se met aussitôt à l'œuvre, s'y prépare une habitation, défriche le sol, le cultive, *travaille*, en un mot, à s'y établir d'une manière stable et définitive. L'autre au contraire se contente de profiter des fruits qu'elle y trouve, de consommer les ressources que lui offrait le sol à son arrivée : ces ressources épuisées et la faim venue, menacée par les intempéries et la mauvaise saison, a-t-elle le droit de venir s'installer avec la première, sous prétexte qu'elles ont usé ensemble du droit de premier occupant ? Évidemment non. Ce droit, qui en réalité n'est qu'un droit d'occasion, a été changé par la famille laborieuse en un droit légitime et sacré. Cette portion de terrain où elle s'est arrêtée est devenue sa propriété réelle par le travail ; elle l'a transformée, ce n'est plus la même. Elle l'a achetée en la payant de son labeur, de ses sueurs et de ses fatigues ; le pain qu'elle mange est la juste récompense de ses travaux. Pour la déposséder il faudrait la violence, le droit du plus fort, qui est la négation de la justice et de l'équité. Que la famille paresseuse, se faisant usurpatrice, se présente en disant : partageons ; la famille laborieuse lui répondra : avez-vous partagé avec moi la peine et les privations ? Avez-vous avec moi arraché les ronces et les épines, abattu des arbres, élevé une cabane, ouvert le sein de cette terre pour lui demander votre nourriture, comme j'ai fait pour la mienne ? que faisiez-vous quand je travaillais ?

Vous chantiez, j'en suis fort aise,
Eh bien ! dansez maintenant.

Les *partageux* sont de tous les temps, parce que

dans tous les temps il y a eu des hommes de paresse et d'inconduite, qui trouvent commode de ne rien faire et de vivre aux dépens de ceux qui travaillent.

La propriété, immobilière et mobilière, est donc fondée sur le travail, c'est lui qui est son véritable principe, soit directement, soit indirectement. Il en résulte que le droit de propriété est un droit naturel, et que la loi civile ne fait qu'en régler et en garantir la jouissance. Et de même que cette loi ne fonde pas la propriété, elle ne peut pas la supprimer : enlever à un particulier, à une famille, le fruit de leur travail, serait une spoliation, une violation de la loi naturelle.

Son développement. — En suivant ce principe dans son développement, on voit que dans les sociétés primitives, quand la force prenait à peu près partout la place du droit, le sol appartenait à la classe guerrière, c'était le fruit de ses travaux ; cette classe avait des esclaves qui le cultivaient pour elle. Mais à mesure que la civilisation augmente, que la loi morale se fait jour, l'organisation sociale se modifie, l'esclavage disparaît peu à peu. Au moyen âge il est remplacé par le servage. Le laboureur n'est pas encore un homme libre comme aujourd'hui, la terre ne peut pas encore être à lui, mais il est déjà en possession d'une partie des produits. Enfin le moment vient où il traite de gré à gré avec le propriétaire ; il était serf, le voilà fermier ; il réalise des économies sur le produit de son travail, il achète des terres, il en fait une ferme, le voilà propriétaire.

Est-elle bien et légitimement à lui cette ferme qui

représente non-seulement le fruit de son travail, mais encore presque toujours celui de ses ancêtres? Cette ferme qui est d'hier est déjà un bien de famille, c'est le témoignage de la vie laborieuse et honorable de plusieurs générations.

La propriété mobilière a de même son principe dans le travail.

Créée surtout par l'industrie, elle a suivi les mêmes phases que la précédente.

Chez les anciens, et en particulier à Rome et dans la Grèce, le travail manuel était laissé aux esclaves; un homme libre se serait cru déshonoré s'il avait touché un outil. Il en était de même au moyen âge sous la féodalité, et jusque dans le dix-huitième siècle, la noblesse, depuis les grands seigneurs jusqu'aux plus minces hobereaux, était dans les mêmes sentiments; travailler, c'était déroger. On aurait tort de leur en faire un crime, ils étaient élevés dans les idées de leur temps et il serait injuste de les en rendre responsables. Aujourd'hui ceux qui penseraient de même seraient inexcusables. Peu à peu, car le progrès va lentement, des hommes libres, au moins dans une certaine mesure, purent s'adonner à l'industrie, profiter de leur travail et acquérir de l'aisance et même de grandes richesses. Qu'arriva-t-il? Ceux qui consommaient sans produire s'appauvrissaient, ceux qui travaillaient s'enrichissaient graduellement et prenaient la place des premiers en transformant par des acquisitions leurs richesses mobilières en biens-fonds. N'était-ce pas justice? L'honnête homme qui travaille mérite de voir ses efforts couronnés de succès, et ce qu'il a gagné est bien à lui.

On voit que le travail industriel est, comme le travail agricole, une des grandes sources de la richesse ; tous deux ils sont la preuve que le travail est le principe du droit de propriété, et qu'il est la justification de cette loi qui nous ordonne de respecter le bien d'autrui, et de ne faire aucun tort à nos semblables ni par la violence, ni par le vol, ni par la fraude. Cette loi comprend même la réputation qui est aussi une propriété.

Ce serait nuire à certaines classes de travailleurs que d'attaquer les productions des industries qui touchent de près aux beaux-arts et à la science. Les supprimer, sous prétexte de luxe, comme le disent des réformateurs de rencontre, ce serait porter atteinte à l'existence de nombreuses familles et mettre sur le pavé des milliers d'ouvriers. Il est vrai que le luxe engendre des abus, mais de quoi n'abuse-t-on pas en ce monde ? Demandez à l'homme qui s'enivre au cabaret en déclamant contre le luxe, s'il faut supprimer le vin et l'eau-de-vie parce qu'il en abuse.

L'héritage. — Il résulte de ce qui précède que la propriété est le droit d'user librement de ce qui nous appartient, et par conséquent de le transmettre à autrui par contrat de vente, par donation, et avant tout de le transmettre à nos enfants par héritage. Attachons-nous à ce dernier point, il est rendu évident par la constitution même de la famille.

Celle-ci, on ne peut trop le rappeler, n'est pas une simple réunion d'individus, c'est un ensemble organique qui, en laissant distincte la personnalité de chacun, a son unité propre, de laquelle résulte une sorte de communauté des biens. C'est pourquoi des jurisconsultes ont dit que les héritiers continuent la personne du défunt ; par conséquent ils le représentent dans tous ses droits. Le droit d'héritage est donc la continuation du droit de propriété ; la loi le confirme et le protége, elle ne le crée pas plus qu'elle n'a créé le premier. Il est tellement de droit naturel, qu'à défaut d'enfants et de testament, la loi distribue la propriété aux parents les plus proches.

Ce droit qu'ont les parents de transmettre leur avoir à leurs enfants découle encore du devoir qui leur était imposé dès la naissance de ces derniers. Ils devaient les élever, les mettre à même de pourvoir un jour à leurs besoins ; ce devoir, ils le continuent par la transmission de leurs biens ; c'est un dernier secours qu'ils donnent à ceux qu'ils ont aimés, un bienfait de plus, résultat des liens de la famille.

Ainsi, par rapport à celle-ci, le droit de transmission par héritage est légitime ; au point de vue social il est nécessaire.

Quelles seraient les conséquences du renversement de cet ordre de choses ?

Le père de famille travaille pour ses enfants plus encore que pour lui-même. Les parents font des sacrifices pour leur donner une position, leur ouvrir une carrière, enfin pour leur *laisser quelque chose.* Abolissez l'héritage, et ce feu divin qui brûle au cœur du père et de la mère va s'éteindre, et avec lui les sentiments de la famille. A quoi bon épargner ? pour qui ? Pour l'État, c'est-à-dire pour tout le monde. Suis-je donc obligé de travailler toute ma vie, de faire des économies pour des gens que je ne connais pas, que je n'ai jamais vus, qui ne savent pas même si j'existe? Puisque l'État est tout, qu'il fasse tout, qu'il donne à mes enfants ce qu'il me défend de leur donner moi-même. Ainsi parlera le père, et il en viendra bientôt à ne penser qu'à lui, à dépenser en satisfactions personnelles l'argent qu'il aurait épargné pour ses enfants, à se désintéresser de leur avenir, et à dire avec plus de raison que Louis XV : après moi le déluge.

Les liens de la famille ainsi relâchés, pour ne pas dire brisés, la société y gagne-t-elle?

Le plus fort stimulant du travail étant étouffé, tous les ressorts se détendent : les arts, les sciences, l'industrie vont languir et s'éteindre. On fera ce qu'il faut pour manger, se vêtir, s'abriter, mais ce sera tout, la civilisation reculera jusqu'aux premiers temps, et l'humanité oubliera sa mission. En vain prétendrait-on que l'État saurait prévenir de telles conséquences, il ne le pourrait pas.

Pour que l'homme se livre à toute son activité, qu'il se mette de tout cœur à l'œuvre, il lui faut un intérêt direct et personnel, il lui faut l'emploi libre de ses facultés et du résultat de son travail. Sans cette liberté, le courage lui manque et avec lui l'émulation. Celle-ci faisant défaut, surviennent l'indifférence, la paresse et toutes leurs funestes conséquences.

Les esclaves travaillaient parce qu'ils y étaient contraints, et les prétendus citoyens ne seraient pas autre chose sous la verge de l'État propriétaire. Alors adieu la patrie et la famille, car le patriotisme qui n'a pas pour point de départ l'amour de la famille est un sentiment faux, sinon impossible. Ainsi, dernière conséquence : briser les liens de la famille par l'abolition de l'héritage, c'est nous ramener tout droit à la condition des esclaves.

En résumé, le droit de propriété consiste : 1° dans le droit d'user librement du fruit de son travail ; 2° dans celui de le transmettre à ses descendants ou à d'autres s'il y a lieu. D'où il suit que la propriété obtenue par héritage est fondée sur un droit légitime et sacré : il est donné par la nature, commandé par l'intérêt des particuliers, par celui de la famille et de la société tout entière.

QUESTIONS.

Quelle est l'origine de la propriété ? Faites-le comprendre.

Comment se développe le principe de la propriété, tant immobilière que mobilière ?

Est-ce la loi civile qui a fondé la propriété ?

Peut-elle la supprimer ?

L'héritage est-il basé sur un droit réel, fondé sur la nature ?

Quelles seraient les conséquences pour la famille et pour la société de l'abolition du droit de propriété ?

CHAPITRE VII

LA LOI.

Sa définition. — Son autorité. — L'esprit et la lettre. — Moyens de conduire les esprits au respect de la loi.

Sa définition. Son autorité. — Prenons d'abord une idée exacte de ce que nous appelons *loi.*

Une loi est une règle générale et permanente exprimant toutes les conditions nécessaire pour que des faits de même nature se produisent toujours et de la même manière, aussi longtemps que la loi n'est pas changée.

Dans le monde physique, par exemple, la loi du double mouvement de notre globe, et par suite de la vie de tous les êtres qui l'habitent, est qu'il accomplisse son mouvement de rotation diurne en 23 h. 56 m. 4 s. et qu'il fournisse sa révolution annuelle en 365 j. 5 h. 48 m. Supposez que le premier mouvement s'effectue en 12 h. ou en 36 au lieu de 24 à peu près ; que la terre mette 200 jours ou 500 pour décrire son orbite autour du soleil, la loi de la vie terrestre est changée, et notre vie actuelle impossible.

De même, admettons, par hypothèse, que l'homme ne soit pas doué de la faculté de comprendre qu'il y a quelque chose d'*ordonné* ou de *permis* et quelque chose de *défendu*, distinction qui fait saisir la différence entre le *juste* et *l'injuste*, il n'est plus un homme, parce qu'il reste en dehors de la loi morale. Mais il a en lui les conditions de la moralité, savoir : l'intelligence pour comprendre, la volonté pour se décider, et dans certaines limites, la liberté pour exécuter ; il vit par conséquent sous une loi qui règle tous ses actes libres, et qui est la loi morale.

C'est à cette dernière qu'il faut s'attacher pour comprendre la souveraineté de la loi humaine ou *positive*, ainsi nommée parce qu'elle précise les cas où telle action est ordonnée ou défendue.

La loi morale est la règle suprême de nos actions, qui sont bonnes ou mauvaises selon qu'elles sont conformes à cette loi ou qu'elles n'y sont pas conformes. De même que l'homme n'a pas fait la loi qui règle l'existence du monde physique, puisque ce n'est pas lui qui l'a créé ; de même, ne s'étant pas donné la vie, il n'a pas institué la loi en vertu de laquelle il existe comme être intelligent et libre, autrement dit comme être moral. Cette loi vient d'un être supérieur à l'homme, de Dieu ; c'est la loi du juste et de l'injuste, du bien et du mal dans nos actions, dans nos paroles, dans nos pensées. Car, écrit Montesquieu, « dire qu'il n'y a rien de juste ni d'injuste que ce qu'ordonnent ou défendent les lois positives, c'est dire qu'avant qu'on eût tracé le cercle tous les rayons n'étaient pas égaux. » Ajoutons que c'est prétendre qu'avant qu'on eût dit : deux pommes et deux pommes font quatre pommes, il n'était pas vrai que deux et deux font quatre. C'est donc la loi morale qui, par son origine, communique sa souveraineté à la loi humaine ; c'est pourquoi on a dit que celui qui veut que la loi commande semble ne reconnaître d'autorité que celle de Dieu même et de la raison. Il en résulte que le pouvoir qui commande dans la société ne le fait pas en son nom et par arbitraire, mais au nom de la loi ; elle est au-dessus de lui, au-dessus du législateur, et celui ou ceux qui l'ont faite n'ont pas le droit de la violer.

Les lois humaines tirent donc leur souveraineté de la loi divine, elles en sont la traduction et le complément : la traduction, en ce qu'elles ordonnent ou défendent ce que cette loi ordonne ou défend; le complément, car elles peuvent ou prescrire ce qu'elle ne défend pas, ou défendre ce qu'elle n'ordonne pas. Ainsi la loi morale ne défend pas de se livrer au plaisir de la chasse, mais pendant une certaine partie de l'année, la loi positive prescrit de s'en abstenir, en vue de l'intérêt général.

L'esprit et la lettre de la loi. — La loi a pour but la justice et l'utilité, c'est à ces deux caractères qu'il faut s'attacher pour en bien saisir l'esprit.

Celui-ci résulte du but que se propose la loi, et par conséquent des circonstances et des intérêts qui l'ont fait naître. Instituée pour spécifier les rapports que doivent avoir entre eux les membres d'une même société civile, elle cherche à les établir dans un esprit conforme aux intérêts légitimes qu'elle veut protéger. Si elle portait atteinte au véritable état des choses, elle exciterait des gênes, des malaises, une perturbation funeste à la société, et nuirait à l'ordre social qu'elle est destinée à maintenir. Un cours d'eau traverse une campagne, il y porte la fertilité, il fait aller des moulins et donne à l'industrie le moyen d'établir des usines ; il est évident qu'une loi qui ordonnerait de le détourner ou d'en tarir la source, à moins d'un intérêt majeur difficile à imaginer, irait contre l'esprit de toute loi et manquerait son but.

Les rapports des hommes soit entre eux, soit avec les choses, varient selon les lieux et les temps, avec le degré d'instruction chez les individus, de civilisation chez les peuples, avec les découvertes de la science et les progrès du commerce et de l'industrie. Il en résulte que les lois humaines, qui ne sont bonnes qu'autant qu'elles sont l'expression fidèle de ces rapports, doivent varier selon les pays, les climats et les siècles, et se modifier en même temps que la civilisation. Ainsi nous avons vu quelles étaient les conditions auxquelles étaient soumis le commerce et l'industrie au moyen âge.

Au sortir des ténèbres de la barbarie, ce régime était nécessaire pour donner au travail une régularité et une sécurité dont il avait besoin pour prendre son essor. C'est ce qui eut lieu sous Louis IX, par les *Établissements des métiers de Paris,* qui datent de son règne. Mais du siècle de saint Louis à la fin du XVIIIe bien des changements s'étaient opérés ; la science avait fait des progrès, la civilisation également; d'autres lois étaient nécessaires pour faciliter la prospérité publique et celle des particuliers, et ces lois furent faites dans un esprit qui répondait aux besoins nouveaux.

C'est en saisissant bien l'esprit d'une loi et en en tenant

compte autant et plus que de la lettre, qu'on apprécie la valeur de cette loi, surtout quand elle se trouve en opposition avec des coutumes qui remontent très-haut dans le passé. C'est ce qu'on vit chez nous quand parut le système métrique.

Ce système fut complétement organisé en 1799. En 1812 seulement eut lieu l'accommodation des anciennes mesures avec les nouvelles. Mais pour donner le temps à la population d'en bien comprendre l'esprit et de s'y habituer, le gouvernement attendit jusqu'en 1837 pour rendre le système métrique obligatoire en vertu d'une loi ; et enfin ce ne fut qu'en 1840 que cette loi fut mise en vigueur avec toute la sévérité nécessaire. Ainsi l'autorité ne voulut pas, dès le début, enfermer les délinquants dans les rigueurs de la lettre. Aujourd'hui il n'est personne qui ne comprenne l'excellence de cette loi, mais quand elle parut il devait en être autrement. Un enseignement à tirer de là, c'est qu'une loi dont l'application immédiate est nécessaire, doit être reçue avec confiance même quand on n'en saisit pas l'esprit au premier abord, car elle est toujours faite et promulguée en vue de ce qui est le plus juste et le plus utile pour tous.

Malgré son caractère de variabilité, la loi humaine est souveraine, c'est-à-dire qu'elle a droit à l'obéissance de tous les membres de la société sans exception, et surtout parce qu'elle commande au nom d'une autorité supérieure à tout ce qui est humain, au nom de la loi divine. C'est de celle-ci qu'elle tient son caractère auguste ; elle est pour nous l'interprète de cette loi morale, elle en a par conséquent l'autorité, notre devoir est de nous y soumettre.

Moyens de conduire les esprits au respect de la loi. — Puisque tout citoyen est tenu d'obéir à la loi, tout citoyen est censé la connaître. En fait, s'il suffisait de dire : je ne savais pas, pour s'excuser d'un délit ou d'un crime, cela serait commode pour les malfaiteurs. Mais il faut bien se persuader que l'homme qui commet un crime, ou seulement certains méfaits qui ne relèvent que des tribunaux inférieurs, ne pèche pas par ignorance. Avant que la loi humaine ait parlé, tous ont entendu dans leur conscience la loi divine qui ordonne le bien et qui défend le mal : c'est par elle que le braconnier, en tuant du gibier, sait qu'il se rend coupable d'un délit, et que s'il fait feu sur un garde il commet un crime. Pour ce dernier fait surtout, la loi est en lui, dans sa conscience ; s'il ne l'écoute plus, c'est déjà un grand coupable.

Pour prévenir ces cas extrêmes et malheureusement trop nombreux, c'est à l'éducation qu'il faut en appeler. En naissant, l'homme apporte des tendances au bien et au mal ; elles se développeront selon la manière dont il aura été élevé et les habitudes qu'il aura contractées, aussi a-t-on raison de dire que l'habitude est une seconde nature. La meilleure éducation est donc celle qui donne les meilleures habitudes et par conséquent les meilleures mœurs. Ainsi élevé, l'homme sera toujours porté à respecter la loi, parce qu'il aura pris l'habitude de respecter l'autorité sous toutes ses formes, et dès lors il la respectera dans la religion, dans la vie de famille, dans la vie civile, dans l'armée, partout enfin où elle parlera au nom de la loi. Là est la principale force d'un peuple, nous ne l'avons que trop appris à nos dépens.

Mais s'il est des cas où les grands principes de la morale, rendus efficaces par l'éducation, suffisent pour diriger l'homme dans sa conduite et le maintenir dans le droit chemin, il y a certains détails de la législation, et en grand nombre, qui spécifient sur des cas particuliers appartenant à la vie publique, détails qu'il est utile de connaître et que généralement on ne connaît pas. L'instruction qui est une partie de l'éducation peut ici intervenir utilement.

Il ne s'agit pas cependant de l'étude du droit, ce serait tomber d'un excès dans un autre; mais en joignant aux matières de l'enseignement quelques notions de législation usuelle, on appellerait l'attention des jeunes esprits sur une branche de connaissances qui devient de jour en jour plus nécessaire.

En résumé, l'éducation, telle qu'elle doit être, est la culture et le développement de l'intelligence, de la volonté et des sentiments qui naissent du cœur, selon la loi divine et la loi humaine qui en est la manifestation parmi nous. C'est pourquoi l'éducation doit être en harmonie avec les lois nécessitées par le progrès social. Quand les générations qui marchent en tête de la société se dirigent vers l'avenir et le progrès, il serait contre l'ordre naturel et contre les desseins de la Providence que l'éducation retînt l'enfance et la jeunesse dans l'ignorance ou voulût les faire rétrograder. Ce serait d'un seul peuple en faire deux, établir dans une même nation deux camps opposés et bientôt ennemis, mettre aux prises le passé et l'avenir. L'éducation a ses lois qui doivent être en parfait accord avec toutes les autres, par conséquent avec tout ce qui soutient et fortifie la vie sociale. « Les lois de l'éducation », dit Montesquieu qu'on aime toujours à citer parce qu'il est clair, malgré sa profondeur, « les lois de l'éducation doivent être relatives aux principes du gouvernement..... ce sont ces premières lois que nous recevons, et comme elles nous préparent à être citoyens, chaque famille particulière doit être gouvernée sur le plan de la grande famille qui les comprend toutes. »

QUESTIONS.

Qu'est-ce qu'une loi ?

Qu'est-ce qui constitue l'autorité de la loi humaine ou positive ?

Qu'est-ce que la loi morale ?

Qu'est-ce qu'une loi positive ?

Que doivent être les lois humaines ?

A quoi faut-il s'attacher pour bien saisir l'esprit d'une loi ?

Est-il nécessaire de connaître la loi ?

Pourquoi faut-il élever les enfants dans le respect de la loi ?

CHAPITRE VIII

L'ÉTAT.

Idée de l'État. — Sa constitution, ses droits.

Idée de l'État. — Dans le sens le plus général, l'État est l'ensemble des pouvoirs publics.

Il y a entre l'État et une société primitive cette différence, que celle-ci n'est encore qu'une agglomération de familles sans organisation et sans unité de vues, sans les éléments d'ordre et de stabilité nécessaires pour assurer les intérêts de tous et de chacun. L'État a pour mission d'élever cette agglomération à la vie civile et politique, et de lui faire prendre place parmi les peuples ; alors on peut dire aussi que l'État est la société organisée.

Il suit de là que les conséquences de la société se relèvent d'elles-mêmes.

En effet, une société, pour donner tous ses fruits, ne doit pas être uniquement un groupe plus ou moins considérable, ne cherchant, comme les tribus sauvages les moins avancées, qu'à pourvoir aux nécessités matérielles ; elle doit être constituée de façon à seconder les efforts de tous ses membres, en vue du progrès social.

Sa constitution. — A quelles conditions l'état social est-il possible ?

Toute société suppose un lien qui en unit les membres. Ce lien, c'est la loi ; nous avons vu quelle idée il faut s'en faire, mais il importe d'en signaler maintenant l'indispensable nécessité. Cette loi doit émaner d'un pouvoir et prescrire des devoirs. Aussi est-il impossible d'imaginer une société organisée sans loi ; et comme ces trois éléments sociaux : *devoir*, *loi*, *pouvoir* sont inséparables, le fait social ne peut se réaliser qu'à la triple condition d'une loi qui émane d'un pouvoir moral reconnu et qui impose des devoirs.

Ce mot de pouvoir exprime ici une idée collective, comprenant les divers pouvoirs qui appartiennent à l'autorité suprême ou au souverain ; ces pouvoirs sont des fonctions que celui-ci remplit en vue du bien de tous les membres de la société. Ainsi, en qualité de *législateur*, il a le pouvoir de faire des lois ; comme *juge*, il a le pouvoir de les appliquer, ou de les faire appliquer en son nom par des magistrats compétents ; enfin comme *administrateur*, il a celui de veiller à la promulgation et à l'exécution des lois. C'est à ce triple titre que le pouvoir ou le souverain doit avoir continuellement en vue l'intérêt de la justice, celui de l'État et celui des particuliers.

Ce caractère de suprématie du pouvoir social lui a fait donner le nom de souveraineté, et celle-ci réside tantôt dans un seul, tantôt dans plusieurs. Quand les trois pouvoirs sont réunis dans une seule main, l'État est monarchique ; dans les mains d'une certaine classe de citoyens, il est aristocratique ; dans les mains de tous les citoyens, démocratique. Celui ou ceux qui en sont revêtus forment le *souverain*, qui ainsi est ou individuel ou collectif. Cependant, la forme du gouvernement fût-elle aussi démocratique qu'on voudra, la multitude ne peut pas gouverner elle-même et directement, ce serait une tour de Babel sociale plus désorganisatrice que l'autre. En 1793, la Convention avait fait une constitution d'après laquelle chacun, comme on dit vulgairement, mettait les mains à la pâte. Cette constitution ne fut pas même essayée, et ceux qui l'avaient faite comprirent qu'elle n'était pas applicable. On dit volontiers que le peuple est souverain, et il l'est en effet, mais comme des millions d'hommes ne peuvent pas se réunir sur une place publique pour légiférer, la population choisit des représentants pour veiller à ses intérêts et travailler à la prospérité commune.

Ce n'est pas seulement une nécessité matérielle qui l'y oblige, c'est encore la nécessité d'avoir les lumières nécessaires pour gérer les affaires de tout un pays. Quand on dit que le peuple est souverain, cela ne veut pas dire qu'il est obligé ou en mesure de gouverner. Il l'est bien réellement, parceque le pouvoir qui agit le fait au nom du peuple, et que ses actes doivent avoir pour but les intérêts de tous les gouvernés, sans exception ; en sorte que le gouvernement est un fondé de pouvoirs qui fait les affaires du pays par procuration. En droit, le peuple règne, mais en fait il ne gouverne pas, parce que moralement et matériellement cela lui est impossible, et dès lors il délègue sa souveraineté.

On peut donc dire, d'après cela, que le souverain ou le gouvernement est la forme sensible sous laquelle le pouvoir social est réalisé et personnifié pour diriger la société.

Avec les conditions déjà indiquées, savoir :

1° Un pouvoir social reconnu et personnifié ;

2° Une loi sociale, positive, obligatoire ;

3° Un devoir social, réalisé par l'obéissance à la loi, avec ces conditions, disons-nous, la société peut marcher vers son but, qui est le bien général. Alors l'administration proprement dite peut prendre en main les intérêts de l'agriculture, du commerce et de l'industrie; l'armée et la diplomatie, pourvoir à la sûreté intérieure et extérieure de l'État ; la magistrature, maintenir la justice; les clergés, les corps savants et enseignants répandre la religion, les sciences et les arts ; toutes choses que la multitude livrée à elle-même ne pourrait pas faire.

Ses droits. — Telle est en général la mission de l'État qui devient alors, comme on l'a si bien dit, une fonction de la société, et cette mission lui donne des droits qui se résument dans les conditions de son existence. Car ne pas avoir pour le souverain, c'est-à-dire le pouvoir, le respect auquel il a droit, refuser obéissance à la loi, c'est attaquer l'État et par conséquent la société, puisqu'en réalité ils ne font qu'un, c'est introduire l'anarchie dans son sein. Comme conséquence, c'est travailler à dépouiller ses concitoyens du fruit de leurs travaux et mettre en péril et leur liberté et leur vie. Toutes ces choses se trouvent compromises dès que l'ordre est troublé. Ceux donc qui ne respectent ni les lois ni l'autorité sont à juste titre regardés comme de mauvais citoyens, comme des ennemis de la patrie et de la justice. L'État a donc des droits pour réprimer toute tentative coupable ; il le doit dans l'intérêt général, mais ces droits ont des limites posées par les libertés dont chaque citoyen a de son côté le droit de jouir et qui sont :

1° La liberté de penser. Aucun gouvernement n'a le droit d'entrer dans le secret des consciences. En outre, la pensée ne peut pas être condamnée à rester muette et sans manifestation, comme une somme d'argent enfouie inutilement dans la terre ; elle doit pouvoir se dévoiler par la parole et par les écrits. Mais il est bien entendu que cette liberté sera toujours compatible avec la bonne direction de la société. L'excès conduit au désordre, le désordre à l'anarchie, et l'anarchie perd la liberté ;

2° La liberté religieuse, qui découle de la précédente et qui est surtout une affaire de conscience. Elle a besoin d'être éclairée, et l'instruction religieuse est nécessaire, mais l'État a le devoir de respecter et au besoin de faire respecter les convictions de chacun ;

3° La liberté individuelle. Sous l'ancien régime, une lettre de cachet envoyait un homme à la Bastille sans la moindre explication, et il y restait quelquefois jusqu'à sa mort. C'était une monstrueuse violation de la liberté individuelle. Cet homme, eût-il été coupable des plus grands crimes, ne devait pas être jeté en prison arbitrairement ni y être maintenu sans jugement. Il n'en est plus ainsi. Quand un homme est arrêté, un magistrat doit, dans les vingt-quatre heures au plus tard, apprécier les causes de son arrestation. De la liberté individuelle résulte pour chacun le droit d'aller et venir, de se transporter où bon lui semble. Le passe-port à l'intérieur peut être regardé comme une entrave, mais c'est quelquefois une mesure de précaution nécessitée par les circonstances ;

4° La liberté du commerce. Il est évident que l'État ne doit rien faire qui puisse arrêter l'essor du commerce et de l'industrie; en nuisant aux particuliers il ferait tort à la société tout entière. On a vu plus haut ce qui a été fait en France en faveur de la liberté du travail et de l'industrie ; mais ici encore on trouve des restrictions imposées par les circonstances, ou inhérentes à la nature des choses. Cette grande et sérieuse question d'économie politique n'est pas à traiter ici. Bornons-nous à constater qu'il y a des nécessités impérieuses et inévitables devant lesquelles

les intérêts individuels doivent céder momentanément;

5° Il est une dernière sorte de liberté qui dépasse le cercle des droits et des intérêts privés, et qui touche aux intérêts propres de chaque localité. Ainsi il est juste qu'un département, qu'une commune s'occupent directement, par un conseil général ou municipal, de certaines affaires locales, mais à la condition que cette liberté ne portera pas atteinte aux droits du gouvernement central, en tout ce qui touche à la bonne administration du pays tout entier.

QUESTIONS.

Qu'est-ce que l'État ?
A quelles conditions l'État peut-il être constitué ?
Que signifie cette expression : pouvoir moral reconnu ?
Comment doit-on comprendre que le peuple est souverain?
En quoi consistent les droits de l'État ?

CHAPITRE IX

L'IMPÔT.

Légitimité de l'impôt. — Quelles seraient les conséquences de sa suppression. — Base de l'impôt. — Ses différentes espèces. — La contrebande.

Légitimité de l'impôt. — Quelles seraient les conséquences de sa suppresion. — Supposons qu'un beau jour un gouvernement comme on n'en a pas encore inventé déclare que tous les impôts sont abolis, sans exception : combien de contribuables verraient dans les membres d'un tel gouvernement les vrais amis du peuple, et que de flots de vin couleraient en leur honneur ! Mais ce jour de fête aurait son lendemain.

L'hiver venu, par exemple, il fait nuit de bonne heure; or, en ville surtout, on ne se couche pas avec le soleil, on sort encore pour ses affaires ou son plaisir, et c'est alors que l'absence d'un impôt commencerait à se faire remarquer. Plus d'éclairage dans les rues, à moins que les particuliers n'en fissent les frais eux-mêmes, ce qui leur serait infiniment plus coûteux. Des malfaiteurs vous attaquant et vous dépouillant, vous criez au secours, mais la force publique ne vient pas, il n'y a plus de police municipale, plus de gendarmerie, plus de postes de soldats, ils sont supprimés, l'impôt qui les payait est aboli. Il en est de même du service de la voirie urbaine, et on a l'agrément de marcher dans la boue, en attendant que les miasmes engendrés par les ordures qui restent sur le pavé, devant les maisons, engendrent des maladies et la peste.

Dans la plupart des villes s'élèvent des monuments qui, outre leur utilité, sont une des gloires artistiques du pays, il faut les entretenir et les conserver ; avec quoi ? le gouvernement n'a pas d'argent, l'impôt est aboli ; les églises même et les maisons d'école tomberaient en ruines dans les campagnes comme dans les villes.

Mêmes conséquences pour la facilité des communications, sans parler des voleurs de grands chemins qui auraient leurs coudées franches : plus de routes bien entretenues, de ponts pour traverser les rivières, de digues pour contenir le cours des eaux, de canaux pour rendre plus facile et moins onéreux le transport de certaines marchandises d'un gros volume. Dans le pays tout entier le désordre est à son comble, parce que tous les rouages de l'État ont cessé de fonctionner ; il faut de l'argent pour les mettre en mouvement, comme il faut de la vapeur pour faire marcher un train de chemin de fer. Sans lui plus de culte public, plus de magistrats qui rendent la justice, plus d'instituteurs pour donner l'instruction primaire, plus de professeurs pour l'enseignement secondaire et supérieur, plus d'écoles de médecine et par suite plus de médecins, plus d'hospices pour les malades indigents, les vieillards et les infirmes.

Quant à l'indépendance nationale, au rang que le pays doit occuper parmi les peuples, il n'en faut plus parler, puisqu'il n'y a plus d'armée ; ce serait, dit-on, une bien belle économie; oui, mais en retour le pays sans défense resterait à la merci du premier Bismarck venu.

Que conclure de là ? qu'une société est impossible sans l'impôt, que l'impôt est d'une nécessité absolue, une dette sacrée que tout citoyen doit s'empresser d'acquitter.

On est porté à le regarder comme un sacrifice, et il y a en effet des circonstances, comme celles où nous nous trouvons maintenant, où l'impôt est lourd ; on s'y résigne sans murmurer parce qu'il est impérieusement nécessaire; mais à part un cas de cette nature, l'impôt, au lieu d'être un sacrifice, est en réalité un placement utile.

Par lui on a tout ce qui manquérait sans lui, et nous venons de voir à quelles causes de ruine serait amenée une société qui prétendrait s'en affranchir. Le résultat serait le même pour chaque particulier. Sur un chemin de grande ou de petite communication bien entretenu, un cheval médiocre rend plus de services et fait plus de besogne que deux fortes bêtes sur un chemin difficile, effondré, plein d'ornières, où ils risquent de se casser les jambes et la voiture de se briser ; le temps qu'on y perd est encore un préjudice qui doit entrer en ligne de compte.

Qu'au lieu de franchir un pont, on soit forcé de prendre le bac tenu par un particulier ; en mettant pour chaque famille un *minimum* de 3 fr. par an, en moyenne, voilà une contribution forcée et perpétuelle qui devient très-lourde par sa perpétuité, tandis qu'au moyen de quelques centimes additionnels pendant quelques années, on a une voie de communication plus sûre, à toute heure du jour et de la nuit. Il en est de même de tous les autres avantages que l'État procure à tous au moyen de l'impôt.

On peut donc définir celui-ci : la contribution que chaque citoyen paie à l'État, selon sa fortune, pour subvenir aux dépenses faites au profit de tous.

Base de l'impôt. — Pour qu'il soit équitablement réparti, il faut que tous y participent et qu'il soit scrupuleusement établi sur les moyens de chacun et sur les besoins de l'État. C'est en cela que consiste l'assiette de l'impôt.

Il fut un temps, en France, où certaines propriétés très-considérables jouissaient de l'immunité de l'impôt; ce privilége a disparu : c'est un des bienfaits de la révolution de 1789, et une application du principe d'égalité devant la loi.

Différentes sortes d'impôts. — Pour atteindre le but que se propose l'impôt, on a recours à deux sortes de contributions, *directes* et *indirectes.*

La premières s'adressent sans intermédiaire à la fortune des contribuables, et ceux-ci en versent tout droit le montant dans les caisses de l'État.

Il y a quatre sortes d'impôts résultant des contributions directes:

1° L'impôt foncier, calculé sur la revenu des immeubles. Pour évaluer ce revenu, on a levé le plan de toutes les communes de France, avec l'indication de la contenance et du revenu de chaque propriété, de chaque parcelle ; c'est en quoi consiste le cadastre ;

2° L'impôt mobilier, établi d'après le montant du loyer de chacun, parce que chacun est supposé se loger selon ses moyens ;

3° L'impôt personnel, évalué à trois journées de travail et fixé chaque année par les conseils généraux entre un *mininum* de 50 centimes et un *maximum* de 1 fr. 50 c. Tout Français et tout étranger, homme ou femme, jouissant de tous ses droits et non réputé indigent, est soumis à cet impôt. Il comprend par conséquent les veuves, les femmes séparées de corps, les enfants majeurs, les mineurs ayant des moyens d'existence propres. C'est le conseil municipal qui statue sur les exemptions de paiement de ces deux derniers impôts, ou de l'impôt personnel seulement ;

4° L'impôt des portes et fenêtres. Il est réparti

d'après le nombre et la qualité des ouvertures. Il y a une exception en faveur des ouvertures des granges, bergeries, caves et locaux non habités par des hommes, ainsi qu'en faveur des établissements publics et des hospices;

5° L'impôt des patentes, que doivent payer les commerçants et certaines professions libérales, comme celles de médecin, d'avocat, d'avoué, de notaire, d'huissier.

Les contributions indirectes consistent d'abord en certains droits du fisc établis sur les boissons, les sels, les cartes à jouer, les denrées étrangères qui entrent en France; en second lieu, dans le droit que se réserve l'État de vendre seul certains produits, tels que tabacs, poudres, salpêtre ; et enfin le transport des lettres, le timbre et l'enregistrement.

Il faut ranger dans la même catégorie l'octroi, sorte d'impôt qu'une ville obtient le droit de lever sur elle-même, pour subvenir à certaines dépenses locales.

Cette seconde sorte d'impôts est équitable à la condition de n'être pas trop élevée, et que les objets de première nécessité tels que le pain en soient affranchis. Ceci étant admis, chacun paie en raison de ce qu'il achète et de ce qu'il consomme ; c'est pourquoi cet impôt demande plus au riche qu'au pauvre, parce que le premier consomme plus que le second.

L'impôt se résume donc pour les contribuables dans le devoir de fournir à l'État les ressources dont il a besoin pour remplir lui-même ses propres devoirs et assurer les services publics. Mais il en est un dernier qui consiste à ne pas user de supercherie ou de fraude pour tromper l'État et ne pas lui donner ce que la loi lui accorde. C'est le cas de ceux qui font une fausse déclaration sur la valeur de leurs biens, quand il y a des droits à payer, et aussi de ceux qui se livrent au trafic de la contrebande.

La contrebande. — Il y a un vieux préjugé d'après lequel on se plaît à croire que jouer au plus fin avec l'État et le tromper ce n'est pas voler, comme si pour lui faire tort il fallait absolument mettre la main dans la caisse du receveur général ou du percepteur des contributions. C'est ainsi que s'élargit la conscience.

Retenir le bien d'autrui est-ce être coupable ? C'est ce qu'on fait en ne donnant pas à l'État tout ce qu'on doit lui donner, et la répartition de l'impôt cesse d'être équitable.

Faire ou encourager la contrebande, c'est favoriser le commerce et l'industrie des pays étrangers aux dépens du nôtre; c'est se mettre en guerre avec la loi, car un contrebandier s'expose à devenir homicide quand il résiste à force ouverte. D'un autre côté, s'il n'y avait pas d'acheteurs, il n'y aurait pas de contrebandiers ; de toute manière on appauvrit le pays, et un moment vient où il faut augmenter les impôts.

QUESTIONS.

Qu'est-ce que l'impôt ?
Est-il nécessaire ?
Quelles seraient les conséquences de l'abolition de l'impôt?

Combien y a-t-il de sortes de contributions ?

Est-il permis de frauder l'Etat soit par une fausse déclaration, soit en faisant la contrebande ?

CHAPITRE X

LE CITOYEN.

Droits et devoirs politiques ; le suffrage universel. — En quoi consistent la liberté, l'égalité, la fraternité.

Droits et devoirs du citoyen. — Aussi longtemps qu'un membre d'une société civile n'est pas admis à exercer des droits politiques, il n'est pour ainsi dire qu'un rouage dans une machine. Il n'est pas une personne sociale, il est un *sujet*. Mais à partir du jour où ces droits lui sont reconnus, il est *citoyen*, membre actif de la cité. Lors de la fondation de la République des États-Unis, on débuta par une déclaration des Droits ; il en fut de même en France, et ce fut ainsi que furent reconnus en principe la liberté de la presse, le droit de réunion, celui d'être électeur et éligible, l'institution du jury, la liberté religieuse, la liberté individuelle.

Tels sont, dans leur généralité, les droits politiques du citoyen, mais l'exercice de ces mêmes droits est nécessairement soumis à certaines conditions imposées pour en prévenir l'abus et dans l'intérêt de l'ordre ; quelques-uns d'entre eux rentrent dans les droits de l'individu comme membre de la société civile.

Le suffrage universel. — Le droit politique le plus étendu, le plus absolu et qui résume tous les autres, celui qui a exercé une immense influence sur les événements dont notre pays a été le théâtre depuis plusieurs années, est le droit reconnu à tous, sauf les cas d'indignité, de prendre part aux élections, c'est le suffrage universel.

C'est un droit qui ne peut être contesté sans violer la loi, quels que soient les inconvénients qui peuvent en résulter ; mais par cela même il impose des devoirs, et le premier de tous est de ne pas négliger de déposer son bulletin dans l'urne électorale quand on est appelé à le faire. Il est évident que la grande majorité des électeurs désirent l'ordre, sans lequel le salut du pays est impossible, mais il n'en est pas de l'ordre comme du beau temps, qu'on se borne à souhaiter, ne pouvant rien faire pour le réaliser. L'ordre est l'œuvre de tous les bons citoyens ; qu'ils le veuillent, qu'ils y travaillent et ils l'auront ; mais ce n'est pas en laissant le vaisseau aller à la dérive qu'ils arriveront au port.

La première chose à faire est donc de choisir pour représentants les hommes regardés comme les plus capables, et les plus dignes de l'estime publique ; le choix fait, il est du devoir de tous de les soutenir de leurs votes ; s'abstenir, c'est manquer à son pays, et, comme l'expérience ne l'a que trop prouvé, laisser le champ libre à ceux qui mettent la passion au dessus de la raison. Quel est le cultivateur qui préfère les orages et les inondations à un ciel calme et bienfaisant qui favorise la moisson ? Quel est l'industriel qui préfère la ruine à la prospérité de son établissement ? C'est ce que font les électeurs qui par leur négligence ou leur incurie refusent au pays les votes dont il a besoin.

Qu'ils prennent exemple sur ces esprits exaltés qui ne se font pas prier, ceux-là, pour aller au scrutin ; qu'ils s'unissent donc comme eux, et qu'ils réalisent pour le bien du pays cette ancienne devise : l'union fait la force.

Qu'est-ce qu'un député ? A le prendre tel qu'il doit être, c'est un mandataire choisi par ses concitoyens pour les représenter à l'Assemblée nationale, et qui doit la préférence dont il est honoré à ses lumières, à l'estime que son caractère inspire, à son patriotisme, à tout ce qui fait de lui un honnête homme, un citoyen éclairé et dévoué. Ses électeurs ont confiance en lui, ils savent que dans leur député, la tête et le cœur seront d'accord pour travailler au bien du pays, et ils s'en rapportent à lui.

Qu'on réfléchisse à la mission d'une Assemblée législative, tous les intérêts de la nation sont entre ses mains : les finances, et par conséquent les recettes et les dépenses, l'agriculture, le commerce, l'industrie, l'ordre à l'intérieur, l'indépendance au dehors et par suite tout ce qui concerne l'armée ; l'instruction à tous les degrés, les sciences et les beaux-arts. Comment établir l'harmonie entre ces éléments divers de toute société civile et politique, et subvenir à tous leurs besoins ? Cela n'est possible que par les lumières et le dévouement de ceux qui, en acceptant la charge de travailler au bien général, ont aussi assumé la responsabilité qui en résulte.

Si donc les électeurs ont droit de conseils, s'ils peuvent et doivent raisonnablement désirer que la manière de voir de leur mandataire soit d'accord avec la leur, ils ont cependant pour premier devoir de respecter en lui le libre arbitre du citoyen et de l'honnête homme. Il serait contradictoire de parler si haut de la liberté et de la violer tout d'abord dans la personne même du député. C'est qu'on emploie souvent les mots sans les bien comprendre. Que signifient donc le mot de liberté et deux autres mots qui en sont devenus presque inséparables ?

En quoi consistent la liberté, l'égalité, la fraternité. — La liberté. — D'une manière générale la liberté consiste, pour chaque citoyen, dans l'exercice légitime de tous ses droits, en respectant la liberté et la conscience d'autrui, par conséquent les droits de l'État et ceux des particuliers.

La limite fixée à chacun n'est pas arbitraire ; elle est posée par la liberté elle-même, car entre égaux les droits sont égaux, et tous les membres d'une même société le sont devant la loi ; c'est ainsi que l'idée vraie de la liberté conduit à celle d'égalité.

L'égalité. Dans tous les temps et chez tous les peuples, on a souvent abusé de la première, qui dégénérait facilement en licence. L'idée d'égalité, beaucoup moins ancienne, propagée par le christianisme, a pris depuis bientôt un siècle un tel empire sur le grand nombre, qu'il importe de bien préciser son vrai sens ;

mal comprise, elle peut conduire aux plus grands désordres, et déjà nous en avons eu la preuve.

Devant Dieu tous les hommes sont égaux, parce qu'ils sont tous enfants du même père et comme tels également soumis à sa loi, de même qu'ils ont des droits égaux à sa protection. Cette loi, traduite et manifestée par la loi humaine, rend cette dernière la même pour tous les membres du corps social : tous sont égaux devant elle, il n'y a plus deux poids et deux mesures, les privilèges ont disparu avec les restes de la féodalité.

Mais en proclamant et en maintenant cette égalité de droits que donne la vie civile et politique, elle ne peut pas méconnaître l'inégalité physique et morale qui existe entre les hommes, inégalité qui est inhérente à la nature humaine et qu'on retrouve parmi tous les êtres de la création. Prenez deux pétales sur la même fleur, deux feuilles sur la même tige, deux fruits sur la même branche et toujours vous trouverez des différences, jamais vous ne rencontrerez cette égalité absolue qui serait l'identité. Il en est de même parmi les hommes. Dire qu'ils sont égaux par cela seul qu'ils sont hommes, c'est dire que tous les triangles sont égaux parce qu'ils ont tous trois angles et trois côtés. Le langage usuel suffit pour nous rappeler à la réalité : en parlant des autres hommes nous ne disons pas nos égaux, nous disons nos semblables.

C'est un fait que tous les membres d'une même société, que tous les individus dont l'ensemble forme un peuple sont inégaux en force physique, en intelligence, en énergie morale, en industrie, en talents, en vertus, en mérite. Appelés tous à une même destinée finale, ils n'y vont pas tous du même pas, ni par le même chemin. Les uns ont étendu et fortifié, par l'exercice, des facultés que d'autres ont laissé s'énerver dans l'inaction. Ceux-ci ont pris de bonne heure de bonnes habitudes, ceux-là en ont contracté de funestes. De là cette différence, non pas absolue et constante, mais incessamment relative et variable entre les membres d'un même corps social, qui sépare les bons des mauvais, les courageux des lâches, les laborieux des paresseux, les hommes instruits des ignorants.

De cette inégalité naissent des rapports et des situations que la loi ne peut pas supprimer, mais qu'il lui appartient de régler ; et au nom de l'égalité légitime qu'elle proclame, elle doit le faire de manière à ce que la supériorité des uns vienne en aide à l'infériorité des autres. De ce que, à un moment donné, un citoyen serait incapable d'exercer un droit politique, il ne s'ensuivrait pas pour lui la négation absolue de ce droit. Que la loi ordonne, par exemple, comme cela pourrait être, que tout électeur sache lire et écrire, ceux qui ne rempliraient pas cette condition ne seraient pas électeurs, mais ils le deviendraient du jour où ils y auraient satisfait.

Comprendre l'égalité autrement, la vouloir absolue et en tout, dans la fortune, dans la position sociale, dans le travail, dans le salaire, c'est aller contre la nature et le bon sens ; autant vaudrait l'imposer dans la faim et dans la soif.

Il faut dire à ceux qui tombent dans de pareilles rêveries, que le vrai principe d'égalité n'est autre chose que le principe de la justice. En qualité d'hommes et de citoyens nous avons les mêmes droits, mais aussi les mêmes devoirs ; acquittons-nous bien de ces derniers, selon la condition où chacun de nous se trouve placé, et nous nous rendrons capables et dignes de jouir des premiers dans toute leur plénitude. Toute loi a une sanction (1) sans laquelle elle ne serait pas une loi ; la sanction du devoir accompli, c'est la jouissance du droit correspondant; les conditions sont les mêmes pour tous, c'est à chacun à faire de son mieux.

Dans un grand nombre de cas, par exemple, des places sont mises en concours. Admettons que pour chaque place il y ait six concurrents, on en voit souvent un plus grand nombre ; ils ont tous le droit de concourir, il n'y a pour tous qu'un seul et même programme, voilà l'égalité ; le reste dépend de chacun et l'équité veut que la place soit donnée au plus méritant. C'est l'image de la vie, qui, elle aussi, est une lutte, lutte qui ennoblit l'homme, quand il emploie sa volonté et son intelligence à bien faire.

Dira-t-on qu'il y en a pour qui la lutte est plus facile et pour d'autres plus laborieuse ? Cela est vrai, mais quand cette différence résulte de la nature des choses, la société n'y peut rien ; on ne peut voir là qu'une preuve de plus de cette inégalité inévitable à laquelle nous sommes tous soumis. Est-ce une raison pour se décourager ? loin de là. Toute peine mérite salaire ; et pour quiconque est pénétré de cette haute vérité qu'au delà de la destinée de l'homme ici-bas, il

1. La sanction d'une loi est l'application de la peine portée contre celui qui la viole, ou l'attribution de la récompense à celui qui l'exécute, quand il y a lieu.

y a une destinée supérieure et qu'alors la loi du devoir trouvera sa sanction dans l'application de la loi du mérite et du démérite, pour celui-là il n'y a d'anomalies qu'en apparence. Dans Corneille, le vieil Horace dit à ses trois fils qui le quittent pour aller combattre et vaincre ou mourir pour la patrie :

« Faites votre devoir et laissez faire aux Dieux. »

Nous qui devons avoir plus de confiance encore en la Providence divine, disons-nous les uns aux autres: Faisons notre devoir et laissons faire à Dieu, et pour cela soyons unis, soyons frères.

La fraternité. — La fraternité n'est à vrai dire qu'une forme de l'égalité, car si tous nous avons la même origine, nous sommes tous frères. Et en réalité nous sommes liés les uns aux autres par une double fraternité, l'une divine et l'autre humaine, celle de la chair et celle de l'esprit. Le devoir qui en résulte est d'aimer son prochain comme soi-même, de faire du bien même à son ennemi, et, selon le grand précepte, « de lui ramener l'agneau ou le bœuf qu'il a perdu, de lui aider à décharger son âne succombant sous le fardeau. » C'est dans le cœur que la fraternité a son foyer, c'est en lui qu'elle puise ses plus pures inspirations, parce qu'elle est par excellence l'amour de chacun pour ses semblables; c'est un lien naturel dont la valeur est indiquée par le mot lui-même: frères, comme membres d'une même famille, d'une même patrie, de l'humanité. Mais gardons-nous de déshonorer ce mot au nom de la patrie en voulant l'imposer. Ce n'est pas en disant : la fraternité ou la mort, qu'on rapproche les cœurs ; cette formule rappelle un peu trop cette autre : la bourse ou la vie.

Ainsi la liberté n'est pas la licence, c'est le droit qu'a chacun de se développer au sein de la société, comme homme et comme citoyen, en respectant le même droit chez ses semblables.

L'égalité n'est pas le communisme, c'est la communauté des droits et des devoirs, l'admission à la jouissance des uns sous la condition de l'accomplissement des autres.

La fraternité n'est pas cette union brutale qui s'impose par la menace ou qui se forme en vue du mal à faire ; c'est le sentiment qui porte les hommes à s'aimer, à s'entr'aider, qui nous rend joyeux de la joie des autres et qui nous fait pleurer avec ceux qui pleurent.

QUESTIONS.

Qu'est ce qu'un citoyen ?
Quels sont ses droits et quels sont ses devoirs ?
Qu'est-ce qu'un député ?
Quelle est la mission d'une Assemblée législative ?
En quoi consistent la liberté, l'égalité, la fraternité ?

CHAPITRE XI

LA PATRIE.

Idée de la patrie. — Ce que c'est que le patriotisme. — L'amour de la patrie et l'amour de l'humanité.

Avant d'aborder ce dernier chapitre, jetons un regard en arrière, et voyons par l'enchaînement des idées le chemin parcouru.

Partis du principe de toutes choses, Dieu, nous avons trouvé l'homme devant faire son avenir sur cette terre et appelé à une destinée ultérieure ; puis la famille composée de toutes les branches sorties d'une même souche, et après elle la société, réunion de familles dans un ordre plus ou moins arrêté et distinct ; enfin l'État, société civile et politique. Sous ces différentes formes, c'est l'humanité qui se développe par le travail, par la propriété, sous la protection de la loi et, de la part de tous, par le respect des droits et l'accomplissement des devoirs. Suivant les différences qui distinguent les races et leurs subdivisions, différences imposées par la nature, divers États se forment, les peuples se séparent, et en même temps, dans chaque groupe homogène, les cœurs se rapprochent ; tous les membres d'un même État se trouvent, à l'égard des uns des autres, comme les enfants d'une même famille, et en effet, ils vivent tous au sein d'une mère commune, de la *Patrie.*

Donnez aux familles dont la réunion forme un peuple, même origine, même langue, dans le principe même religion, même caractère général, mêmes tendances des facultés de l'esprit ; qu'elles aient au cœur, un sentiment qui les rende responsables et solidaires de la prospérité générale, un dévouement de tous à chacun, de chacun à tous et à leur berceau commun: vous aurez la patrie.

Idée de la patrie. — Que ceux à qui le cœur ne dit pas ce que c'est que la patrie le demandent à tous les Français qui ont combattu dans ces derniers temps, à ceux surtout qui ont été traînés et retenus dans les geôles de la Prusse ; qu'ils le demandent à ces déshérités de l'Alsace et de la Lorraine, à ceux qui restent comme à ceux qui s'éloignent des tombeaux de leurs pères et des berceaux de leurs enfants pour demeurer français. Avant de s'expliquer par la réflexion, le mot patrie exprime un sentiment, un mouvement du cœur, un amour qui est à lui seul comme la somme de toutes nos affections.

C'est parce que l'amour de la patrie est un sentiment complexe, formé de plusieurs autres, comme un rayon du soleil l'est de toutes couleurs du prisme, que l'idée de la patrie est difficile à déterminer d'une manière précise. Cette idée comprend celle du lieu où nous sommes nés, où nous avons grandi ; ce premier élément du tout en est en quelque sorte la partie matérielle ; elle est pour un peuple ce que la maison est pour la famille. Aux impressions qui en proviennent si douces et qui laissent dans nos cœurs des traces ineffaçables, se joignent des affections et des idées plus sérieuses inspirées par l'union des citoyens, par les mœurs, les coutumes, souvent par les mêmes joies et les mêmes douleurs, par la vie sociale sous la protection de la loi qui est la même pour tous. C'est la patrie morale, telle que la conçoivent et la chérissent des hommes libres et qui lui sont dévoués. Mais cette patrie se confond avec l'amour des lieux où se joue le drame de la vie : tous s'y rattachent par les liens de la propriété, par les souvenirs de gloire et de bonheur, et que les revers et le malheur rendent encore plus chers. C'est pourquoi la patrie n'est pas morte dans les cœurs quand la terre est tombée au pouvoir de l'ennemi. Parce que la Prusse nous a pris l'Alsace et la Lorraine, croit-on que les Alsaciens et les Lorrains regardent l'Allemagne comme leur patrie et qu'ils cesseront d'aimer la France ? Ils feront comme les habitants de ces parties de l'Italie restées si longtemps au pouvoir des Autrichiens. La patrie sera toujours la France comme l'Italie était la patrie des Italiens asservis par l'Autriche. Comme eux, les Alsaciens et les Lorrains attendront le jour de la délivrance, et il viendra pour eux comme il est venu pour les habitants de Milan, de Mantoue, de Venise.

Le patriotisme. — L'amour de la patrie est un sentiment si naturel qu'il n'a pas besoin d'être démontré, il se montre de lui-même à la moindre secousse qui vient la menacer. A l'état de calme, quand rien ne la trouble ni ne la menace, nous l'aimons simplement et pour ainsi dire sans y penser, comme nous aimons la vie en état de santé ; mais que le danger s'annonce, aussitôt le cœur commence à battre, il se réveille comme un lion endormi, et chacun sent que son devoir est de se dévouer. Pour défendre la patrie on lui doit tout, on lui donne tout sans marchander, son repos, son argent, sa vie; manquer à ce devoir serait à la fois une lâcheté et une trahison. Si notre chère patrie a eu toutes les fatalités contre elle, elle peut du moins se glorifier dans ses enfants, et en signant une paix désastreuse elle a pu s'écrier, comme François Ier à Pavie : « Tout est perdu, fors l'honneur ! »

Si le dévouement est un devoir en face de l'ennemi, devoir qui ne doit reculer devant rien et dont rien ne peut dispenser ceux qui ont à le remplir, il est une autre sorte de dévouement qui constitue un devoir peut-être plus difficile et non moins impérieux. C'est par lui qu'au point de vue politique se dégage nettement l'idée de la patrie.

Louis XIV disait : l'État c'est moi ; mais si le grand roi était aujourd'hui sur le trône, il serait le premier à comprendre qu'un tel langage ne répond plus à la réalité. L'État n'est plus un homme, c'est la nation tout entière vivant sous l'empire de la loi ; c'est réellement la patrie, parce que les sujets ont fait place aux citoyens. Or, le devoir du citoyen est de mettre dans ses affections la patrie avant un homme, quel qu'il soit. Cela peut être une grande preuve de dévouement, mais agir contrairement à ce devoir c'est lever la main sur sa mère On a beau regretter le passé, rien ne peut faire qu'à six heures du soir il ne soit que six heures du matin.

Les extrêmes se touchent, et cela est vrai en politique et en théories sociales comme dans le reste.

A l'opposé de ceux qui ne comprennent pas assez le présent et qui ne rêvent que le passé, on en voit d'autres à qui le présent ne suffit pas et qui travaillent à un avenir chimérique, au risque des plus grands malheurs. Ceux-là aussi devraient comprendre leur devoir et mettre leur dévouement à ne pas compromettre le sort de la patrie. Sans doute il est bien de travailler à l'amélioration générale de la société, et particulièrement des classes les moins avancées ; c'est un devoir d'aider à la réalisation du progrès, mais c'est un devoir aussi de réfléchir au choix des moyens, et de n'employer que ceux approuvés par la raison, par la conscience de tout honnête homme et par l'intérêt général. Or, ce n'est pas en s'attaquant aux fondements de toute société, à la religion, à la famille, à la patrie elle-même qu'on travaille à la prospérité de cette même patrie. On n'arrive pas là qu'à la ruiner.

L'amour de la patrie et l'amour de l'humanité. — On rencontre des gens qui prétendent qu'il faut aimer tous les hommes autant que nos propres compatriotes : ils sont citoyens de l'univers, autant et plus que citoyens de leurs pays ; c'est ce qu'on appelle d'un mot nouveau, le cosmopolitisme. En allant au fond des choses, on s'aperçoit bien vite que c'est une erreur et une faute. La théorie du cosmopolitisme est un moyen commode de se dispenser de ses devoirs envers son pays : pour un Français, par exemple, c'est mettre le Mexique ou le Japon sur la même ligne que la France, ce qui signifie, en apparence, qu'on doit autant à l'un qu'à l'autre, et en réalité pas plus à la France qu'au Japon. Le cosmopolite n'a point de patrie, parce qu'il ne tient pas compte des devoirs que la sienne lui impose ; il se fait lui-même, à l'égard de son pays, ce qu'est un enfant trouvé à l'égard de la famille.

Le cosmopolitisme tend donc à effacer toute marque distinctive entre les nations et à ne faire du genre humain, comme on l'a dit, qu'un seul atelier et qu'un seul marché.

Une fois entré dans cette voie, il est sur le chemin du communisme, en prétendant substituer une égalité chimérique et impossible aux inégalités naturelles, et une unité factice aux variétés qui résultent des lois de la nature. Le cosmopolitisme méconnaît ces lois, de plus il sacrifie les affections les plus saintes et les plus sacrées.

Quand il n'est pas un masque pour cacher la convoitise et les plus honteuses passions, il prétend parler au nom de l'humanité et se donner la mission de travailler au bien de tout le genre humain. Certes, nous devons aimer nos semblables et les secourir, mais ce devoir, nous pouvons le remplir aussi souvent que nous le voulons, les malheureux ne manquent pas autour de nous. Pour faire le bien en qualité d'homme il n'est pas nécessaire d'oublier qu'on est citoyen, ni de prendre la charge de bienfaiteur universel. Deux hommes sont en danger de périr, l'un est votre père, l'autre un étranger ; à qui d'abord porterez-vous secours ? à votre père assurément. Cependant ils sont deux ; oui, mais la nature vous dit que vous vous devez à votre père avant un étranger ; il en est de même de la patrie qui a place dans nos cœurs avant tout autre pays.

La véritable école de l'humanité c'est le patriotisme, et l'école du patriotisme c'est l'esprit de famille. Tous les bons sentiments naissent de cette source comme par une contagion heureuse et bénie. C'est pourquoi un ancien disait : « Respectez vos parents, vos lois, vos magistrats ; chérissez votre patrie, n'en désirez pas d'autre ; ce désir serait un commencement de trahison. »

QUESTIONS.

Comment expliquer l'idée de la patrie et le sentiment qu'elle inspire ?

Le dévouement à la patrie est-il un devoir ?

Quels sont nos devoirs envers elle ?

Ces devoirs se bornent-ils à la défendre contre l'étranger ?

Qu'est-ce que le cosmopolitisme ?

Doit-on le préférer à l'amour pour son pays et pour sa famille ?

TABLE DES MATIÈRES.

Abbeville. — Typ. et stér. Gustave Retaux.

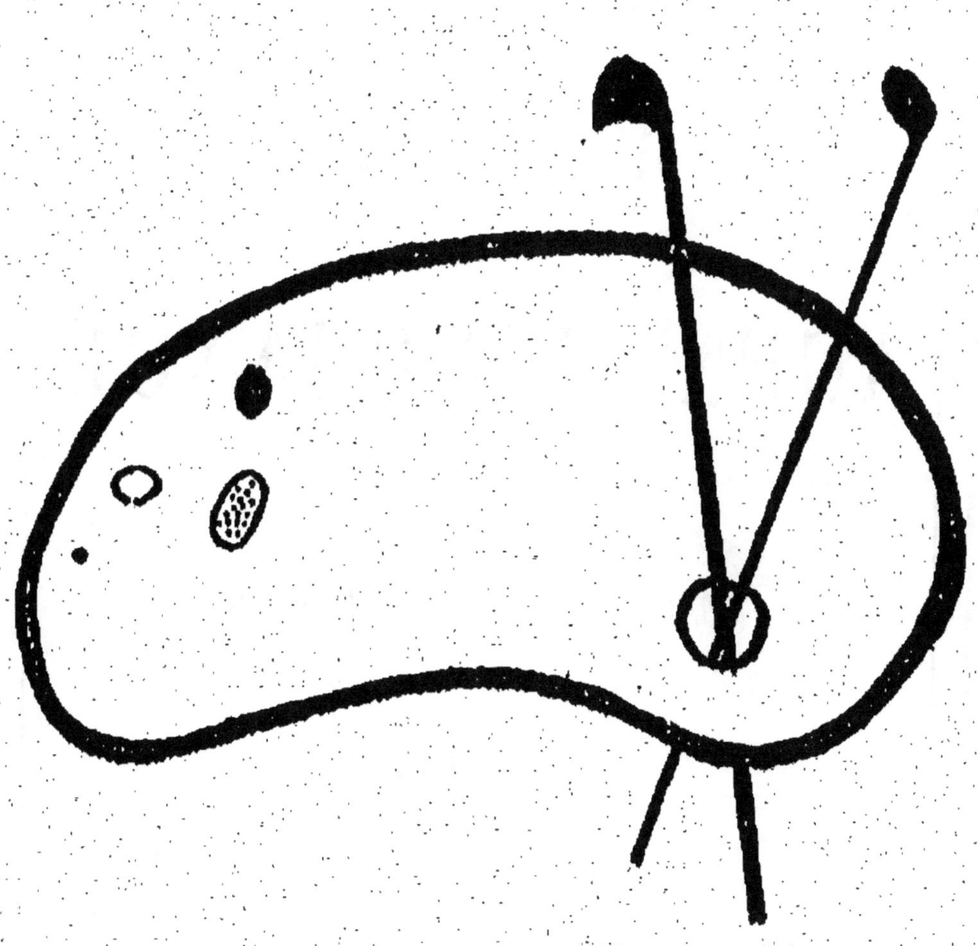

BIBLIOTHÈQUE SAINT-GERMAIN
LECTURES MORALES ET LITTÉRAIRES

HISTOIRE
D'UN
AGENT DE CHANGE

PAR

MADAME BOURDON

PARIS
LIBRAIRIE SAINT-GERMAIN-DES-PRÉS
ANCIENNE MAISON PUTOIS-CRETTÉ
DELHOMME ET BRIGUET, LIBRAIRES-ÉDITEURS
Successeurs de Henri Allard
13, RUE DE L'ABBAYE, 13

1881

www.ingramcontent.com/pod-product-compliance
Lightning Source LLC
LaVergne TN
LVHW020410230826
846091LV00004B/1218

9782016167526